# FACULTÉ DE DROIT DE PARIS

## DES DONATIONS ENTRE ÉPOUX

DANS LE DROIT ROMAIN ET SOUS LE CODE NAPOLÉON

# THÈSE

POUR

# LE DOCTORAT

PAR

### CH. BARRY

AVOCAT A LA COUR IMPÉRIALE

PARIS

IMPRIMERIE ADMINISTRATIVE DE PAUL DUPONT

45, RUE DE GRENELLE-SAINT-HONORÉ

1866

FACULTÉ DE DROIT DE PARIS.

DES

# DONATIONS ENTRE ÉPOUX

### EN DROIT ROMAIN ET SOUS LE CODE NAPOLÉON.

# THÈSE
## POUR LE DOCTORAT.

L'acte public sur les matières ci-après sera présenté et soutenu
le Mercredi 4 Avril 1866, à 2 heures,
EN PRÉSENCE DE M. L'INSPECTEUR GÉNÉRAL GIRAUD,

par

### Charles BARRY,

AVOCAT A LA COUR IMPÉRIALE DE PARIS.

PRÉSIDENT : M. LABBÉ, PROFESSEUR.

SUFFRAGANTS : 
{ MM. BONNIER,
DURANTON,
DEMANTE,
GÉRARDIN, }
PROFESSEURS.
AGRÉGÉ.

Le candidat répondra en outre aux questions qui lui seront faites
sur les autres matières de l'enseignement.

PARIS,
IMPRIMERIE ET LIBRAIRIE DE PAUL DUPONT,
RUE DE GRENELLE-SAINT-HONORÉ, 45.

1866

A MON PÈRE, A MA MÈRE.

# PREMIÈRE PARTIE.

# DROIT ROMAIN.

## DE DONATIONIBUS INTER VIRUM ET UXOREM.

### (DIG. LIB. XXIV, TIT. I.)

## INTRODUCTION.

Dans le droit primitif de Rome, les donations entre époux étaient permises ; elles étaient même vues avec faveur, puisque la loi Cincia (an 550 de Rome) en fixant un certain taux que les donations ordinaires ne devaient pas dépasser, exemptait de cette limitation les libéralités entre époux : *excipiuntur.... vir et uxor.* [1]

Toutefois, il importe de remarquer que, dès cette époque, les donations entre époux ne pouvaient pas avoir lieu lorsque le mariage était accompagné de la *manus*. Dans ce cas, en effet, la femme entrait dans

[1] Fragm. Vat. § 302.

la famille du mari et tombait sous sa puissance ; le mari acquérait de plein droit et en pleine propriété tout ce qui appartenait à sa femme au moment du mariage et tout ce qui pouvait lui advenir pendant sa durée : dès lors, la femme ne pouvait rien donner à son mari, car elle n'avait rien ; et le mari ne pouvait rien donner à sa femme, puisqu'en lui donnant, il se serait donné à lui-même. Ces donations n'étaient pas défendues, elles étaient impossibles.

Au temps des jurisconsultes, au contraire, les donations entre époux sont prohibées : *moribus apud nos receptum est*, dit Ulpien, *ne inter virum et uxorem donationes valerent*[1]. Ce changement n'eut pas lieu tout d'un coup, par un acte législatif, mais peu à peu, par la force de la coutume, *moribus*, cette autre source du droit[2].

A quelle époque fut-il consommé ? On ne saurait le dire ; mais il est certainement postérieur, et de beaucoup, sans doute, à la loi Cincia. On peut conjecturer qu'il s'opéra vers la fin de la République ou au commencement de l'empire, avec d'autant plus de raison que la dissolution des mœurs, qui fit porter un peu plus tard (762 de Rome, 9 de l'ère chrétienne) la loi Papia Poppœa n'y fut pas étrangère : on craignait dit Sextus Cœcilius, que le refus de l'un des époux de faire une donation à son conjoint n'amenât la rupture du mariage[3]. Les jurisconsultes expliquent encore cette prohibition par la crainte que l'amour

[1] L. I; *hoc tit.*
[2] L. XXXII; *De leg. senat. cons.* (1, 3.) Inst. L. I, t. II, § 9.
[3] L. II et III; *hoc tit.*

conjugal ne portât l'un des époux à se dépouiller en faveur de l'autre : *ne amore alterius alter despoliaretur*[1].

Un sénatus-consulte rendu sous les empereurs Septime Sévère et Antonin Caracalla (909-206) vint, selon l'expression d'Ulpien[2], apporter un adoucissement à la rigueur du droit. Il décida que les donations entre époux, bien que nulles en elles-mêmes, seraient confirmées, si le donateur était mort en persistant dans la volonté de donner, et que ses héritiers ne pourraient en invoquer la nullité.

Nous devons étudier successivement les régles sur la prohibition des donations entre époux, et le sénatus-consulte d'Antonin Caracalla.

---

## CHAPITRE PREMIER.

### DE LA PROHIBITION DES DONATIONS ENTRE ÉPOUX.

#### SECTION I.

##### DE L'ÉTENDUE DE LA PROHIBITION.

L'application de la régle prohibitive des donations entre époux exigeait la réunion de ces trois conditions : 1° qu'il y eût une donation; 2° que cette donation fût faite entre époux ; 3° qu'elle ne fût pas comprise dans les donations qui, par exception, étaient permises entre époux.

[1] L. XXXI, § 7; *hoc tit.*; *adde* L. I, *cod.*
[2] L. XXXII, pr.; *hoc tit.*

## § 1er. — *Dans quel cas une libéralité constituait une donation.*

Le mot donation est souvent employé par les jurisconsultes dans une acception large, pour désigner toute espèce de libéralité ; mais dans son acception restreinte et vraiment juridique, la donation est un acte entre-vifs, par lequel le donateur s'appauvrit au profit du donataire et dans l'intention de l'enrichir.

I. — La donation est un acte entre-vifs. Ainsi se trouve exclue toute succession pour cause de mort ; c'est donc improprement que le legs est nommé *donatio* par Modestin [1] et par Justinien [2]. De plus, la donation n'est pas nécessairement un contrat, car elle peut résulter d'un acte unilatéral du donateur [3].

II. — Le second élément essentiel d'une donation est l'appauvrissement du donateur, l'aliénation d'une partie de ses biens. Un époux pouvait donc, dans une intention bienveillante, enrichir son conjoint dans un acte entre-vifs, s'il ne diminuait pas son propre patrimoine ; car il n'y avait pas là donation véritable.

Les décisions des jurisconsultes romains à cet égard reposent sur un principe assez subtil, à savoir que ce n'est pas s'appauvrir que de négliger l'occasion de s'enrichir [4]. Ils en concluaient, avec plus de subtilité encore, qu'il n'y a pas donation lorsqu'un

[1] L. XXXVI ; *De leg. et fid.*, (31, 2.)
[2] Inst.; L. II, t. xx, § 1.
[3] L. V, § 6 ; *hoc tit.* Voyez page 37.
[4] L. XXVIII, pr., *De verb. sign.*, (50, 16.)

héritier externe ou un légataire [1] renonce à l'hérédité ou au legs, afin d'en faire profiter celui qui est appelé après lui [2]; ou lorsqu'une personne chargée de restituer une hérédité fidéicommissaire la restituait en entier, sans retenir la portion que le testateur lui avait attribuée ou que lui assurait le sénatus-consulte Pégasien [3]; ou encore lorsqu'un époux déterminait un testateur à laisser à son conjoint le legs ou l'hérédité qu'il lui destinait à lui-même [4]. Mais il en était autrement si, tout en acceptant une libéralité, le mari chargeait le disposant de livrer le même objet à sa femme ; un pareil acte comprenait réellement deux donations [5].

Du rapprochement de la loi 25 de notre titre et de la loi 3 *pro donato*, il résulte que la libéralité faite avec le bien d'autrui était regardée comme une donation, si le donateur était en voie d'usucaper, et ne l'était pas dans le cas contraire.

III. — Il faut encore, pour constituer une donation, l'enrichissement du donataire [6].

Le don d'un esclave avec la condition de l'affranchir, *manumissionnis causa*, n'était pas une donation véritable, s'il devait être affranchi immédiatement,

---

[1] Il en serait autrement s'il s'agissait d'un legs *per vindicationem*, à moins qu'on ne se place avant l'adition de l'héritier ou qu'on n'adopte le système des Proculiens.

[2] L. V, §§ 13 et 14 ; *hoc tit.*

[3] L. V, § 15 ; *hoc tit.* Cette solution se justifie cependant assez bien par cette considération que le fiduciaire a peut-être voulu se conformer scrupuleusement à l'intention du défunt, plutôt que faire une donation.

[4] L. XXXI, § 7 ; *hoc tit.*

[5] L. III, § 13 ; L. LVI; *hoc tit.*

[6] L. V, §§ 8 et 16 ; *hoc tit.*

puisque le patrimoine du donataire n'était pas augmenté, même temporairement. Il y avait donation,
au contraire, si l'affranchissement ne devait avoir
lieu qu'au bout d'un certain temps. Cette donation
était néanmoins permise entre époux, par faveur pour
la liberté [1] ; mais elle était soumise à des régles
qui lui ôtaient, en réalité, le caractère de donation.
L'époux donateur restait propriétaire de l'esclave
jusqu'à l'époque fixée pour la manumission ; en sorte
que le donataire, en affranchissant l'esclave acquérait
et perdait à la fois sa propriété : ainsi son patrimoine
n'était nullement augmenté [2]. On ne considérait pas,
d'ailleurs, comme susceptible d'estimation, et par
conséquent comme un bien proprement dit, les droits
de patronage qui résultaient de l'affranchissement [3].

On permettait, par la même raison, à un époux de
donner à son conjoint un terrain destiné à lui servir
de sépulture ; mais le donateur demeurait propriétaire du terrain jusqu'à ce qu'il eût reçu sa destination : c'était seulement alors, en effet, qu'il devenait
religieux et était mis hors du commerce. De cette
manière, le donataire ne s'enrichissait pas, au moins
directement. Mais ne le faisait-il pas souvent d'une
façon indirecte, en évitant une dépense nécessaire ?
Sans doute ; mais Ulpien [4] repousse ici, eu égard
peut-être à l'intérêt religieux ou à la qualité des per-

---

[1] Sent. de Paul ; L. II, t. xxiii, § 2.
[2] L. VII, §§ 8 et 9 ; hoc tit.
[3] L. V, § 5 ; De praescrip verb. (19, 5.)
[4] L. V, §§ 8 et 9 ; hoc tit.

sonnes, cette conclusion, admise cependant, dans
d'autres occasions, par les jurisconsultes romains[1].

La femme pouvait recevoir une somme d'argent
de son mari pour aider un de ses parents à entrer dans
un ordre de l'État, et cette donation était valable,
alors même que la femme, si elle ne l'eût pas reçue,
se fût trouvée dans l'obligation de contracter un em-
prunt à cet effet[2]. On admit également que la femme
pourrait donner à son mari les sommes nécessaires
pour arriver aux honneurs et aux fonctions publi-
ques, ou pour donner des jeux[3]. Il paraît que cette
*donatio honoris causa* avait semblé faire exception aux
principes, car Gaius et Rufinus nous apprennent qu'il
fallut une décision bienveillante d'Antonin pour l'autoriser : *ex indulgentia principis Antonini recepta
est.* Nous trouvons cependant au Code une constitution de Dioclétien où la validité de cette libéralité est
rattachée au motif qu'il n'y a pas, en pareil cas, enrichissement du donataire : *nec locupletior sit factus*[4].

Enfin, par une faveur évidente et peut-être aussi
par des considérations d'utilité publique, on permettait aux époux les libéralités qui avaient pour but de
réparer une perte éprouvée par le donataire, de re-
construire une maison incendiée, par exemple[5].

IV. — La dernière condition nécessaire à l'existence d'une donation, c'est l'*animus donandi*, c'est-

[1] L. XLVII, § 1 ; *De sol.* (46, 3.)
[2] L. V, § 17 ; *hoc tit.*
[3] L. XL, XLI et XLII ; *hoc tit.*
[4] L. XXI, C. ; *hoc tit.*
[5] L. XIV ; *hoc tit.*

à-dire l'intention, chez le donateur, d'enrichir le donataire. Il ne suffit pas que le donateur connaisse
cet enrichissement, ni même qu'il y consente, il faut
encore que ce soit là son but direct. Ainsi celui qui
achète sciemment une chose au-dessus de sa valeur,
parce qu'elle lui est indispensable, ou qui la vend
au-dessous de son prix, parce qu'il a besoin d'argent, ne fait nullement une donation[1]. Il suffit, du
reste, que l'intention d'enrichir existe réellement, et
on ne s'occupe pas du but plus éloigné, et qui peut
très-bien n'être nullement désintéressé, que se pro-
pose le donateur.

Les quatre conditions que nous venons d'examiner
sont donc nécessaires pour constituer une donation ;
mais dès qu'elles se rencontrent, il y a donation,
avec quelque apparence, du reste, que l'acte se
présente. C'est donc en vain que les époux auraient
déguisé leur libéralité sous la forme d'un acte à titre
onéreux, comme la vente, ou qu'ils l'auraient
unie à un acte de cette nature, en fixant, par
exemple, le prix de la chose vendue au-dessous de
sa valeur : dans l'un et l'autre cas, leur libéralité
était atteinte par la loi[2].

Il pouvait encore y avoir donation par omission,
et elle était également prohibée entre époux. Ainsi,
lorsqu'un époux laissait volontairement éteindre, par
le non-usage, une servitude qui grevait à son profit
le fonds de son conjoint[3], ou lorsqu'il négligeait

[1] L. XXXI, § 3; *hoc tit.*
[2] L. V, § 5; *hoc tit.*
[3] L. V, § 6; *hoc tit.*

d'interrompre l'usucapion commencée par son conjoint sur son fonds[1], son omission violait la règle de
la prohibition.

§ 2. — *Dans quel cas la donation avait lieu entre*
*époux.*

Les donations n'étant prohibées qu'*inter virum et*
*uxorem*, l'existence d'un mariage légitime, qui seul
donnait à l'homme le titre de *vir* et à la femme celui d'*uxor*, était une condition nécessaire pour l'application de la prohibition. Il suit de là que si le lien
qui unissait les parties était d'un ordre inférieur, la
donation était valable[2].

Qu'arrivait-il si le mariage que les parties avaient
eu en vue n'avait pu se former à raison de quelque
empêchement légal ? A s'en tenir à notre règle, la
donation était valable, puisqu'elle n'avait pas lieu *in-*
*ter virum et uxorem*. Mais d'autres considérations
avaient touché les jurisconsultes romains.

Il faut distinguer à cet égard : 1° si la nullité du
mariage résulte d'une prohibition proprement dite,
comme l'absence de *connubium* entre les parties, ou
d'un empêchement temporaire, comme l'impuberté
de l'un des contractants; 2° si les prétendus époux
sont de bonne foi ou de mauvaise foi.

Quand l'empêchement ne constitue pas une prohi-

[1] L. XLIV; *hoc tit.*
[2] L. III, § 1 ; *hoc tit. Nec obstat.* L. II, C.; *hoc tit.* Cette loi
établit seulement une exception en faveur des militaires. — Du
reste les donations à une concubine finirent par être restreintes à
une limite déterminée. L. II, C.; *De nat. lib.*; L. I, II, XVII, C.
théod. ; *cod.*; Nov. 89.

bition proprement dite, la donation est valable, si les parties ont connu l'empêchement[1]. Si elles l'ont ignoré, elle est encore valable, pourvu que le mariage ait été précédé de fiançailles : on la regarde alors comme faite entre fiancés. Le mariage étant nul, les fiançailles durent encore, et l'on suppose que le donateur a donné à la fiancée aussi bien qu'à l'épouse. Autrement la donation est nulle, comme reposant sur une fausse cause, *quia non quasi ad extraneam sed quasi ad uxorem fecit*[2].

Il en est autrement quand l'empêchement résulte d'une prohibition proprement dite. La donation est nulle dans tous les cas : pour punir les parties d'avoir violé la loi, *ne melior sit conditio eorum qui deliquerunt*, si elles ont connu l'empêchement[3]; si elles l'ont ignoré[4], parce que la donation se rattache à une fausse cause. Il n'y a pas à s'inquiéter ici si le mariage a été précédé de fiançailles, puisque ces fiançailles seraient nulles aussi bien que le mariage[5].

Mais qui est-ce qui profitera de la nullité de la donation? Sera-ce le donateur? Pas toujours: s'il est innocent de la violation de la loi, il recouvre la chose donnée au moyen d'une *action utile* (la donation étant valable en droit strict)[6]; mais si cette violation

[1] L. LXV; *hoc tit.*
[2] L. XXXII, § 27; *cod.*
[3] L. III, § 1; *cod.*
[4] Nous n'avons pas trouvé cette distinction dans les auteurs. elle nous paraît pourtant ressortir du mot *deliquerunt* et de la loi 32.
[5] L. XXXII, § 28; *hoc tit.*
[6] L. VII, C.; *hoc tit.*

lui est imputable, il est regardé comme indigne, et les biens donnés sont attribués au fisc [1].

Il résulte du principe que nous avons posé que la donation était valable, quand elle était antérieure à la formation du mariage, ou postérieure à sa dissolution. Il est donc nécessaire de préciser ces deux époques.

Les Romains avaient laissé le mariage au nombre des actes privés, indépendants de toute intervention de l'autorité. Les cérémonies mêmes qui l'accompagnaient ordinairement n'étaient pas nécessaires à sa perfection [2]. Aussi est-ce une question vivement débattue que celle de savoir quand le mariage était formé en droit romain.

Les uns pensent qu'il faut appliquer ici les règles des contrats consensuels, et qu'il y avait mariage dès que les parties avaient exprimé leur volonté d'établir entre elles les rapports de mari et de femme. Mais cette opinion ne donne pas des textes une explication satisfaisante.

Aussi d'autres interprètes adoptent-ils un système diamétralement opposé et font-ils du mariage un contrat réel, qui ne serait formé que par la tradition de la femme au mari. Cette opinion est plus en harmonie avec les textes; mais, sans nous y arrêter autrement, comment admettre ici l'idée d'une possession résultant d'une tradition, quand Gaius nous dit qu'on ne possède pas les personnes que l'on a *in manu* ou *in mancipio* [3]; comment surtout expliquer que la

[1] L. XXXII, § 28; *hoc. tit.*
[2] L. XXII, C.; *De nupt.* (5, 4).
[3] C. II, § 90.

femme, qui est une partie contractante, soit en même temps l'objet du contrat?

Nous adoptons donc la troisième opinion, qui, sans vouloir faire rentrer les *nuptiæ* dans l'une des quatre classes de contrats destinés uniquement à régler des rapports pécuniaires, s'attache pour résoudre notre question à la volonté des parties et à la nature du mariage. Aux yeux des Romains, le mariage était principalement un état de fait que l'on définissait ainsi: *viri et mulieris conjunctio, individuam vitæ consuetudinem continens*[1]. Pour qu'il existât, il fallait et il suffisait, qu'à l'intention des parties se joignît un commencement de vie commune, soit par la réunion des deux époux, soit par l'établissement de la femme au domicile du mari[2], pourvu que celui-ci fût libre de venir y demeurer[3]. La validité d'une donation faite entre époux, le jour de leur mariage, dépend donc du point de savoir si elle est antérieure au moment où ils ont eu l'intention de commencer la vie commune[4].

Quant à la dissolution du mariage, elle s'opérait par un divorce régulier, et les anciens époux redevenus étrangers, pouvaient désormais se faire toutes les donations permises entre étrangers. Ces donations n'étaient pas annulées s'ils reprenaient

[1] § 1, Inst.; *De pat. potest.* (1, 9.)
[2] *Vir absens uxorem ducere potest; femina absens nubere non potest.* Sent. de Paul. L. II, t. xix, § 8.
[3] *Captivi uxor tametsi maxime veli et in domo ejus sit, non tamen in matrimonio est.* L. XII, § 4, D.; *De capt. et post.* (49, 15.)
[4] L. LXVI, § 1; *hoc tit.*

plus tard la vie commune, quand même elles auraient
été faites pour amener ce rapprochement, pourvu
que le divorce eût été sérieux et non pas simulé, *si
verum divortium fuisset* [1].

Pour être valable, la donation devait être parfaite
avant le mariage ; c'est-à-dire qu'il fallait que le donataire fût devenu, avant cette époque, propriétaire,
ou du moins créancier de la chose donnée. Si donc
un fiancé livre à un tiers l'objet destiné à sa fiancée,
et que celle-ci ne le reçoive que pendant le mariage,
la donation est nulle, à moins que la personne interposée n'ait agi en vertu d'un mandat de la fiancée [2].

Les jurisconsultes poussaient jusqu'à l'extrême les
conséquences de ce principe. Ils déclaraient nulle la
donation antérieure au mariage, mais dont l'exécution était subordonnée à sa réalisation [3]. Il est difficile de justifier cette décision, qui n'était commandée
ni par les principes du droit, ni par les motifs sur
lesquels repose la prohibition [4].

L'interdiction des donations ne pouvait être restreinte aux époux eux-mêmes. D'après l'organisation
de la famille romaine, tous les biens d'une même famille appartenaient au *paterfamilias*, pour le compte
duquel acquéraient toutes les personnes placées sous
sa puissance. Il suit de là que la femme dont le mari
était *paterfamilias* ne pouvait rien donner aux mem-

---

[1] L. LXIV ; *hoc tit.*
[2] L. V ; *hoc tit.*
[3] L. XXXII, § 22; *hoc. tit.* L. XII, pr.; *De jur. dot.* (23, 3.)
L. IV, C.; *De don. ant. nupt.* (5, 3.)
[4] M. Pellat, *Textes sur la dot*, page 109 ; M. Machelard, page
219.

2

bres de la famille de son mari, pas même à ses propres enfants [1], puisque ces donations auraient en réalité, été faites au mari ; de même, elle ne pouvait
donner aux esclaves de son mari.

Les mêmes raisons ne se rencontraient pas lorsque
le mari n'était pas *paterfamilias* ou lorsqu'il était
donateur. Mais la loi romaine admettait une sorte de
copropriété entre le *paterfamilias* et les membres de
sa famille ; de telle sorte que la donation faite à l'un
de ces membres ou à un esclave était acquise au *paterfamilias*, et par lui à tous les autres membres de
la famille. Il en résultait que toute donation était
prohibée entre un époux et les membres de la famille
de son conjoint. Réciproquement, la donation faite
par l'un des membres de la famille ou par un esclave
était censée faite par le *paterfamilias* et ainsi par
tous les autres membres de la famille. Par conséquent,
les donations étaient encore prohibées entre la famille d'un époux et la famille de son conjoint [2]. La
prohibition cessait si le donateur ou le donataire était
sorti, par émancipation ou autrement, de la famille
de l'époux.

La mère pouvait, par exception, constituer une dot
à sa fille en la puissance du père, parce que les biens
dotaux devenaient la propriété du mari. On ne s'ar-
rêtait pas à cette circonstance, qu'à la dissolution du
mariage l'action en reprise de la dot appartiendrait
au père en même temps qu'à la fille : c'était, en réa-

[1] L. III, § 4; *hoc tit.*
[2] L. III, §§ 2 et s. L. XXXII, § 16; *hoc tit.*

lité, au profit de la fille et pour lui assurer le moyen de se remarier, qu'elle devait être exercée[1].

L'introduction des divers pécules modifia sensiblement l'extension primitive de la prohibition à tous les membres de la famille. Les donations prises sur le pécule *castrens* ou *quasi castrens* n'entamèrent plus le patrimoine du *paterfamilias*, et réciproquement, les biens qui devaient tomber dans le pécule *castrens* ou *quasi castrens* du donataire ne profitèrent plus au patrimoine commun[2]. La même chose eut lieu plus tard pour le pécule adventice[3]; enfin, sous Justinien, le père de famille n'acquérant plus que l'usufruit des biens donnés à ses enfants en puissance, les donations qui ne provenaient pas du pécule profectice du donateur, furent permises, quant à la nue propriété, entre toutes personnes autres que les deux époux.

Il faut remarquer que les donations dont nous venons de parler étaient regardées comme faites directement entre les époux, et prohibées comme telles. Mais la prohibition atteignait également les donations faites par personnes interposées[4]; par exemple, lorsqu'un mari permettait à sa femme, à titre de donation, de stipuler d'un de ses débiteurs[5], ou lorsqu'une femme s'obligeait, dans le même but, à la place de son mari[6]. Il n'existait, du reste, en droit romain, aucune présomption légale d'interposition de person-

[1] L. XXXIV; *hoc tit. et fragm. vatic.*, § 269.
[2] L. III, § 4; *hoc tit.*
[3] L. XIX, C. ; *hoc tit.*
[4] L. III, § 9 et L. V, § 2; *hoc tit.*
[5] L. XXXIX; *hoc tit.*
[6] L. V, § 4 ; *hoc tit.*

nes ; c'était au donateur ou à ses héritiers de prouver l'interposition qu'ils alléguaient [1].

Au contraire, les biens recueillis par une femme
pendant son mariage étaient présumés, si elle ne
prouvait le contraire, provenir d'une libéralité de son
mari. [2]

### § 3. — *Des donations permises entre époux.*

I. — Toutes donations entre l'empereur et l'impé-
ratrice étaient exemptes de la prohibition. Justinien
en donne pour raison que les contrats de l'empereur
ont force de loi par eux-mêmes, sans qu'il soit besoin
d'aucun secours étranger [3].

II. — Les donations à cause de mort étaient permises entre époux, dans les limites des lois Julia et
Papia Poppœa. Elles ne présentaient, en effet, aucun
des dangers qui avaient fait proscrire les donations
entre-vifs, puisqu'elles étaient révocables au gré du
donateur et ne produisaient, du reste, d'effet qu'après
sa mort, c'est-à-dire à une époque où les parties
avaient cessé d'être mari et femme.

Toutefois, cette dernière considération, qui est du
jurisconsulte Gaius [4], n'aurait pas été exacte dans tous
les cas, si l'on eût appliqué ici les principes qui régissaient les donations à cause de mort pures et simples
et subordonnées quant à leur résolution à la survie

[1] L. XXV ; *De his quæ ut ind. auf.* (34, 9.) L. III, § 3 ; *De jur. fisc.* (49, 14.)
[2] L. LI ; *hoc tit.* — L. VI, C. ; *ibid.*
[3] L. XXVI, C. ; *hoc tit.*
[4] L. X ; *hoc tit.*

du donateur [1]. Mais, entre époux, le donateur conservait toujours jusqu'à sa mort la propriété de la chose donnée, qui passait seulement alors sur la tête du donataire [2], comme dans les donations à cause de mort sous condition suspensive.

Les deux espèces de donations étaient cependant permises entre époux, [3] et il importait encore de les distinguer, parce que si la translation de la propriété n'avait jamais lieu qu'à la dissolution du mariage, en cas de donation pure et simple, elle rétroagissait au jour de la tradition, en sorte que le donataire était censé avoir été propriétaire de l'objet donné depuis cette époque, ce qui n'avait pas lieu pour les donations *sub conditione* [4].

III. — La jurisprudence romaine permettait également aux époux de se faire une donation en cas de divorce [5]. Le mariage étant dissous par le divorce comme par la mort, cette libéralité s'adressait à une personne qui allait perdre la qulité de conjoint ; de plus, la captation n'était guère à craindre en pareil cas, et la donation pouvait être nécessitée par la position nouvelle que se faisaient les époux. On exigeait seulement qu'elle eût lieu en vue d'une séparation imminente, et non dans la simple prévision d'un divorce possible [6].

[1] L. XXIX : *De mort. caus. don.* (30. 6.)
[2] L. XI, pr.; *hoc tit.*
[3] L. XI, § 1 ; *hoc tit.*
[4] L. XI, § 2 et s. ; *hoc tit.* — L. XL; *De mort. caus. don.*
[5] L. XI, § 11; *hoc tit.*
[6] L. XII ; *hoc tit.*

Le divorce, qui autorisait les donations entre époux annulait cependant les donations à cause de mort qu'ils avaient pu se faire dans le passé [1]. C'est qu'un pareil acte faisait supposer une grande mésintelligence entre eux, et par conséquent l'intention, chez le donateur, de révoquer sa donation.

Aussi n'y avait-il pas révocation quand le donateur manifestait, après le divorce, la volonté de maintenir sa libéralité, ou quand il y avait réconciliation entre les époux [2].

IV. — Le jurisconsulte Paul nous dit qu'une donation pouvait encore avoir lieu, entre mari et femme *pour cause d'exil* [3]. Mais il est assez difficile de préciser le sens de cette règle laconique.

Elle peut signifier seulement que l'époux innocent a la faculté de donner au condamné, pour l'aider à supporter les rigueurs de l'exil. Mais cette donation n'était pas atteinte par la prohibition, puisque Paul lui-même nous apprend que la déportation de l'un des époux mettait fin au mariage [4]; et qu'ainsi elle avait lieu, en réalité, entre étrangers. Il est vrai qu'il s'opéra à cet égard, du vivant même de Paul, un changement dans le droit, et que d'après une constitution d'Alexandre Sévère [5], le mariage subsista malgré la déportation, si telle était la volonté de l'époux innocent. Mais comme le déporté perdait ses droits de

[1] L. XI, § 10; *hoc tit.*
[2] L. XXXII, §§ 10 et 11; *hoc tit.*
[3] L. XLIII; *hoc tit.*
[4] L. LVI; *Solut. mat.* (24, 3.)
[5] L. I, C.; *De repud.* (5, 17.) — *Adde.* L. V. § 1; *De bon. damn.* (48, 20.)

citoyen romain, son mariage subissait nécessairement une transformation [1]; ce n'était plus qu'un mariage du droit des gens [2], destitué d'effets civils et qui, par suite, n'empêchait pas les donations entre les parties. Il n'y a donc pas là d'exception aux principes de la prohibition.

Pothier [3] interprète encore la règle de Paul en ce sens, que le condamné pouvait lui-même faire une donation à son conjoint. Régulièrement, tous les biens du déporté étaient attribués au fisc [4]; ce serait par exception à ce principe, qu'il aurait pu disposer d'une partie de ses biens, en faveur de son conjoint. Mais M. Machelard répond avec raison [5] qu'une pareille exception aurait besoin d'être attestée par des textes formels. La seule faveur que nous voyions accordée aux époux, en cas de déportation de l'un d'eux, est relative aux donations que le condamné avait pu faire à son conjoint avant sa condamnation, et encore ne date-t-elle que de Constantin [6]. Par suite de la confiscation des biens du déporté, les donations à cause de mort qu'il avait faites avant sa condamnation, étaient

---

[1] M. de Savigny, t. iv, p. 180, note S.; M. Machelard, p. 243.
[2] L. XIII, pr., et § 1 ; ad leg. Jul. de adult. (48, 5.) M. Demangeat, pages 255 et 256.
[3] Nos 23 et 24 ; hoc tit. Voyez aussi M. de Savigny, page 180.
[4] L. I; De bon. damn. (48, 20.)
[5] Page 244.
[6] L. XXIV, C.; hoc tit. La loi 13, § 1, D.; hoc tit. prête la même doctrine à Ulpien. Mais Cujas (Obs. Liv. III, ch. x) a fait remarquer avec assez de vraisemblance, que le texte d'Ulpien avait dû être remanié par Tribonien, afin de le mettre d'accord avec la constitution de Constantin. L'empereur, par les termes dont il se sert, semble bien introduire une innovation : *Fisco nostro ad easdem res nullam* IN POSTERUM *communionem habente.*

révoquées comme imparfaites [1]. Constantin décida que les donations semblables qu'il aurait faites à son conjoint demeureraient en suspens, et deviendraient définitives si le déporté mourait sans les avoir révoquées [2]. Mais aucun texte ne permet d'adopter la doctrine de Pothier.

Il ne faut donc voir dans la règle de Paul que l'application des principes de notre matière.

V. — Le même jurisconsulte nous indique en ces termes dans quel esprit ces principes devaient être interprétés : *Et sane non amare, nec tanquam inter infestos jus prohibitæ donationis tractandum est; sed ut inter conjunctos maximo affectu, et solam inopiam timentes* [3]. Ainsi un époux pouvait valablement laisser l'autre jouir des esclaves, des vêtements, ou même, selon Pomponius, de la maison, qui lui appartenaient [4]; bien que Pomponius lui-même traite ce dernier acte comme une donation entre étrangers [5]. Les présents d'usage au commencement de l'année ou aux anniversaires de naissance leur étaient également permis [6].

Ulpien semble même écarter la proscription, toutes les fois que l'objet de la donation n'atteignait que les revenus [7]. Marcellus, au contraire, montre moins d'indulgence. Consulté sur la question de savoir si une

---

[1] L. VII; *De m. c. d.* (39, 6.)
[2] Cette constitution étant postérieure au sénatus-consulte d'Antonin Caracalla, s'appliquait à toutes donations entre époux.
[3] L. XXVIII, § 2; *hoc tit.*
[4] L. XVIII et L. XXXI, § 1; *hoc tit.*
[5] L. IX, pr.; *De donat.* (39, 5.)
[6] L. XXXI, § 8; *hoc tit.*
[7] L. XVII; *hoc tit.*

femme avait pu valablement livrer un immeuble à
son mari, pour qu'à sa mort il le restituât à son fils
(alors sous sa puissance), ce jurisconsulte décide que
l'acte est valable, si le mari doit restituer, en même
temps que le fonds, tous les fruits qu'il a produits,
sans en rien retenir ; mais qu'il est nul dans le cas
contraire, comme contenant une donation prohibée [1].
Enfin Pomponius, dans un texte célèbre [2], résout la
question par une distinction, en accordant au conjoint donataire les fruits industriels, qui sont dus à
ses soins, tandis qu'il lui refuse les fruits naturels,
*quia non ex facto ejus is fructus nascitur*. De tout cela
il résulte, comme le reconnaissent M. de Savigny [3]
et M. Machelard [4], que cette question divisait les jurisconsultes romains.

Un point sur lequel tout le monde se trouvait d'accord, c'était pour défendre au mari, sauf dans quelques cas exceptionnels [5], la restitution anticipée de
la dot et l'abandon à sa femme de la jouissance des
biens dotaux. Cette interdiction est rapportée quelque fois à la règle qui prohibe les donations entre
époux [6] ; mais ce motif est insuffisant puisqu'Ulpien
lui-même, tout en autorisant la donation des fruits et
revenus, ne permet pas au mari de renoncer aux in-

[1] L. XLIX ; *hoc tit.*
[2] L. XLV ; *De usuris.* (22, 1.)
[3] Tome IV, page 44.
[4] Page 235.
[5] L. VII, § 1 ; *De jur. dot.* (23, 3.) L. XX ; *sol. mat.* (24, 3.)
[6] L. XXVIII ; *De pact. dot.* (23, 4.) L. I, C ; *si dos const. mat.*
(5, 19.)

térêts de la dot. Il faut donc décider avec M. Francke [1], qu'à côté de la prohibition des donations, il existait une règle, plus absolue dans ses effets, qui défendait de détourner la dot de sa destination, même quant à ses revenus, lesquels devaient toujours rester affectés aux charges du mariage. Cette doctrine trouve encore sa confirmation dans les motifs qui faisaient permettre exceptionnellement la restitution anticipée de la dot, dans des cas déterminés [2].

VI. — La dot n'était pas considérée comme une donation; aussi pouvait-elle non-seulement être augmentée [3], mais même être constituée [4], pendant le mariage.

VII. — A côté de la dot de la femme, il s'établit, sous les prédécesseurs de Justinien [5], une sorte de dot du mari, appelée *donatio ante nuptias*, et qui était régie par des règles analogues. Cette donation devait d'abord être constituée avant le mariage; l'empereur Justin [6] permit de l'augmenter, comme la dot, pendant le mariage; et enfin Justinien [7], poussant plus loin l'assimilation, décida qu'elle pourrait même être faite pendant le mariage. Dès lors, le nom de *donatio ante nuptias* ne lui convenait plus; Justi-

[1] Voyez aussi M. Pellat, sur la loi 73, § 1, *de jur. dot.*, et M. Machelard, page 237.

[2] L. XXI, § 1; *hoc tit.*

[3] L. IV; *De jur. dot.* (23, 3.) L. XXVI, § 2; *De pact. dot.* (23, 4.)

[4] Sent. de Paul, L. II, t. XXI, § 1. L. XVII; *De pact. dot.* (23, 4.) L. V; *solut. mat.* (24, 3.)

[5] Inst. L. II, t. VII, § 3.

[6] L. XIX, C.; *De don. ant. nupt.* (5, 3.)

[7] L. XX, C.; *De don. ant. nupt.* et Inst. (L. II. t. VII, § 3.

nien l'appela *donatio propter nuptias*. Destinée à subvenir aux besoins du ménage, elle n'était pas non
plus considérée comme une véritable donation.

Il va de soi que les donations permises entre époux
l'étaient également entre les personnes dont l'incapacité ne dépendait que de celle des époux. C'est ce que
font observer Paul et Nératius [1].

## SECTION II.

### DES EFFETS ET DE LA SANCTION DE LA PROHIBITION,

Bien différente de la loi Cincia, qui n'accordait au
donateur qu'une exception pour se défendre contre
le donataire, et le laissait sans ressources lorsque
celui-ci n'avait plus à agir contre lui, la règle prohibitive des donations entre époux entraînait la nullité absolue de tout ce qui était fait en contravention
à ce principe [2]. Le donateur avait-il livré un objet,
il en était resté propriétaire ; avait-il promis, il n'é-
tait pas obligé ; avait-il libéré un débiteur, il demeurait son créancier. Nous devons examiner en détail
l'effet des diverses donations dont nous avons parlé
précédemment.

### § 1ᵉʳ Des donations par tradition [3].

La tradition faite par un époux *donationis causa*
était impuissante à transférer la propriété, et même

---

[1] L. XXVI, § 1; *hoc tit.*
[2] L. III, § 10; *hoc tit.*
[3] Qu'il nous suffise d'observer une fois pour toutes qu'il faut as-
similer aux donations par tradition les donations de choses *man-
cipi* faites par mancipation.

à constituer un juste titre de possession. Si le donataire avait droit aux interdits possessoires[1], c'était
en vertu de la possession naturelle et non de la possession civile[2], il possédait *pro possessore*[3] et non
*pro donato*, et il ne pouvait joindre la possession de
son conjoint à la sienne[4]. Il n'avait pas non plus la
faculté d'usucaper, même après le divorce , à moins
que le donateur n'exprimât encore (valablement cette
fois) la volonté de donner. Il y avait alors un titre
nouveau une *justa causa possessionis*, et l'usucapion
était admise ; mais elle ne datait que de ce moment.

Diverses actions étaient données au donateur, suivant les cas, pour réparer les effets de cette tradition sans cause.

I. — Le donateur étant resté propriétaire des
objets donnés pouvait les revendiquer contre son
conjoint, tant qu'ils existaient en nature entre ses
mains[5].

Il profitait ou il souffrait, en cette qualité, des
augmentations ou des détériorations qu'ils pouvaient
avoir subies, par cas fortuit, jusqu'à la *litiscontestatio*[6];
mais il devait tenir compte au donataire de la plus-
value résultant des dépenses utiles par lui faites[7].
Les droits du donataire étaient sauvegardés, à cet
égard, par l'exception de dol. Réciproquement, si

[1] L. I, § 4; *De adq. poss.* (41, 2.)
[2] L. XXVI. pr.; *hoc tit.*
[3] L. XVI; *De adq. poss.* (41, 2.)
[4] L. XLVI; *hoc tit.*
[5] L. I, § 2; *pro donat.* (41, 6.)
[6] L. XXVIII, pr.; *hoc tit.*
[7] L. XXXI, § 2; *hoc tit.*

l'époux donataire avait dégradé l'objet donné, il était tenu d'indemniser le donateur : il répondait à cet égard de son dol[1] seulement, ou même de sa faute, suivant qu'il était de bonne ou de mauvaise foi[2]. A partir de la *litiscontestatio*, la résistance du donataire ne pouvant pas se justifier, il répondait des cas fortuits, comme le débiteur *in mora*[3].

Quant à la restitution des fruits et des intérêts, nous avons exposé plus haut la controverse qui divisait les jurisconsultes romains à ce sujet. Si l'on regarde comme prohibée la donation qui porte sur la jouissance d'un bien, il faut décider que les fruits et les intérêts doivent être restitués intégralement. Dans l'opinion contraire, on doit appliquer les principes généraux et dire que le donataire garde pour lui les fruits qu'il a perçus de bonne foi avant la *litiscontestatio*[4], et qu'il est obligé de restituer ceux qu'il a perçus de mauvaise foi[5]. Enfin, dans l'une et l'autre opinion, le donataire est toujours tenu de restituer les fruits perçus postérieurement à la *litiscontestatio*[6].

---

[1] Comment concevoir le dol de la part d'un possesseur de bonne foi ? Voyez, à cet égard, M. Pellat. Textes sur la revendication, page 292.

[2] L. XLV; *De rei vind.* (6, 1.)

[3] L. XL ; *De hered. pet.* (5, 3.)

[4] L. XLVIII; *De adq. rer. dom.* (41, 1) L. XXV, § 1 ; *De usuris.* (22, 1), etc. Ce n'est que plus tard, sous Dioclétien, sans doute, qu'on assujettit le possesseur de bonne foi à restituer les fruits qu'il n'avait pas consommés. L. XXII, C.; *De rei vind.* (332, 32.) Voyez M. Pellat, pages 305, 313 et 359, 363.

[5] L. XXVII, §§ 3 et 62, § 1 ; *De rei vind.* (6, 1.) Voyez page 32 dans quel cas le donataire était réputé de mauvaise foi.

[6] L. 16, pr.; *de rei vind.*

Par suite de cette bienveillance qui, nous a dit
Paul, doit présider au règlement des intérêts entre
conjoints, et aussi parce que la donation donnait au
moins un motif à la possession du donataire, lorsque
la restitution de la chose donnée ne se faisait pas en
nature, on écartait les règles ordinaires, dont le
caractère était empreint de trop de sévérité : ainsi
l'époux donateur devait se contenter de la juste valeur
de la chose, sans qu'il y eût lieu au *jusjurandum in
litem*, et de plus, il était tenu de s'obliger envers le
donataire à la garantie en cas d'éviction[1]. Toutefois,
cette *cautio* n'était ici que du simple, tandis qu'il était
d'usage en matière de vente, de l'élever au double. •

Il est de l'essence de la revendication de pouvoir
être exercée contre tout détenteur[2]. L'action du donataire ne se bornait donc pas à son conjoint ; elle
s'étendait à toutes les personnes qui se trouvaient en
possession de la chose donnée, par le fait du donataire, ou indépendamment de sa volonté.

Mais devait-on alors appliquer également les principes d'indulgence qui régissaient la revendication
exercée contre le conjoint donataire? Ces principes
devaient-ils être suivis, du moins, lorsque le défendeur avait comme acheteur, par exemple, un recours
en garantie contre ce donataire, en cas d'éviction?
Nous répondons négativement, en nous appuyant sur
une décision analogue du jurisconsulte Gaius[3]. Un

[1] L. XXXVI; *hoc tit.*
[2] L. IX; *De rei vind.* (6, 1.)
[3] L. XIII, § 4; *De hered. pet.* (5, 3.) Concordat. L. XXV, § 17;
*eod.*

héritier apparent a vendu à bas prix, mais de bonne foi, des biens compris dans l'hérédité. Le jurisconsulte se demande si l'héritier véritable, qui ne peut demander à l'héritier apparent que le prix reçu par lui, a le droit de revendiquer contre l'acheteur, en obligeant ainsi l'héritier apparent à une garantie beaucoup plus onéreuse, sans doute, que la restitution du prix; et il répond qu'il peut revendiquer. En effet, si l'héritier apparent et le donataire sont tenus vis-à-vis de l'acheteur au delà de ce qu'ils doivent à l'héritier véritable ou au donateur, c'est en vertu d'une obligation qu'ils ont contractée personnellement, et ils ne doivent s'en prendre qu'à eux, s'ils subissent la loi de leur contrat.

II. — Quelles actions le donateur pouvait-il exercer contre le donataire lorsque celui-ci ne possédait plus la chose donnée?

Nératius prévoit l'hypothèse où la donation consistant en matériaux, ces matériaux auraient été employés à construire, sur un terrain appartenant au donataire. Tout en reconnaissant que les décemvirs n'ont pas dû songer à un pareil cas, en établissant l'action *de tigno juncto*, il accorde cependant cette action au donateur, parce qu'aucune autre action ne peut lui être donnée, d'après la loi des Douze tables[1]. Paul condamne cette doctrine, et dans une note ajoutée au texte de Nératius, il refuse au donateur l'action *de tigno juncto*, attendu, dit-il, que ses ma-

[1] C'est la traduction que donne de ce texte M. Demangeat (Cours de droit romain, page 469), d'après la leçon des Florentines. La note de Paul rend cette interprétation tout à fait vraisemblable.

tériaux ne lui ont pas été dérobés. Il avait prévalu, en effet, de n'accorder cette action qu'au cas de vol. Le donateur en sera donc réduit à attendre la ruine de l'édifice pour revendiquer ses matériaux [1].

Qu'arrivait-il lorsque le donataire avait détruit ou aliéné le bien donné? — A cet égard, il faut distinguer s'il avait agi de bonne foi ou de mauvaise foi.

Le donataire était de mauvaise foi, lorsqu'il savait que les biens provenaient de la donation de son conjoint, et que cette donation ne l'en avait pas rendu propriétaire. Dans ce cas, l'aliénation ou la destruction qu'il en pouvait faire constituait un dol. *Si vir nummos ab uxore sibi donatos, sciens suos factos non esse pro re empta dederit,* DOLO FECIT *quominus non possideat* [2]. En conséquence, le donateur pouvait agir contre lui par la revendication [3], par l'action *ad exhibendum* [4], ou, en cas de destruction, par l'*actio legis aquiliæ* [5].

Quand le donataire avait agi de bonne foi, il ne restait obligé vis-à-vis de son conjoint, qu'autant qu'il avait reçu quelque chose en échange du bien donné. Son obligation était limitée, suivant son intérêt, à la valeur de la chose donnée [6], ou au montant de son

---

[1] M. de Savigny (pag. 176 et 177) croit, au contraire, que la revendication pouvait être exercée de suite. Il se fonde surtout sur les lois 45; *hoc tit.* et 43, § 1; *De leg.* 1° (30, 1.) Mais ces deux textes, relatifs à une hypothèse toute différente, ne nous paraissent pas établir suffisamment la doctrine du savant romaniste.

[2] L. XIV; *ad exhib.* (40, 4.)

[3] L. XXVII, § 3; *De rei vind.* (6, 1.)

[4] L. XXXVII; *hoc tit.* et L. XIV; *ad exhib.*

[5] L. XXXVII; *hoc tit.*

[6] L. XXVIII, § 3; *hoc tit.*

enrichissement[1]. On se plaçait, pour déterminer cet enrichissement, au moment de la *litis contestatio*[2], et jusque-là, le donateur avait a sa charge les risques des objets qui remplaçaient, immédiatement ou d'une manière indirecte, la chose donnée dans le patrimoinedudonataire[3]. L'action accordée dans ce cas au donateur, pour faire valoir ses droits, était une *condictio*, qui est qualifiée par Gaius[4] de *condictio sine causa*, ou *ex injusta causa*, parce que l'époux donataire n'avait le droit de retenir, au détriment du donateur, que ce qui lui provenait *ex non concessa donatione*[5].

A côté de la *condictio*, et par une exception aux principes du droit dont on ne trouve que de rares exemples[6], les jurisconsultes romains accordaient au donateur une *rei vindicatio utilis*, à l'effet de réclamer directement, et comme s'il en était propriétaire, l'objet acquis par le donataire en échange de la chose donnée[7]. Il est facile de comprendre combien cette action était avantageuse pour le donateur, puisqu'elle lui permettait, en cas d'insolvabilité du donataire,

[1] L. V, § 18; *hoc tit.*
[2] L. VII, pr.; *hoc tit.*
[3] L. XXIX; *hoc tit.*
[4] L. VI; *hoc tit.*
[5] M. de Savigny suppose (page 67) que les anciens jurisconsultes avaient posé des principes plus sévères, relativement à l'application de la *condictio*, et que ces textes n'ont pas été insérés dans le Digeste, par suite d'un changement introduit dans le droit par le sénatus-consulte d'Antonin Caracalla. Tout ce que nous savons à cet égard, c'est que l'*oratio* prononcée devant le sénat contenait le mot *consumpsisse*. L. XXXII, § 9; *hoc tit.*
[6] M. Pellat en cite deux autres (pages 425-426).
[7] L. LV; *hoc tit.*

3

d'échapper au concours des autres créanciers, et de profiter seul de cet objet.

Outre les actions dont nous venons de parler, la femme donatrice avait, pour recouvrer ses donations, le *judicium dotis*, applicable à tout ce que le mari pouvait lui devoir, pour quelque cause que ce fût. Mais il était plus avantageux pour elle d'employer la *condictio*, action de droit strict, qui lui permettait d'obtenir contre son mari une condamnation *in solidum*, que l'action *rei uxoriæ*, action de bonne foi, et par laquelle le mari n'était condamné que *quatenus facere poterat*.

Au contraire, quand la donation avait été faite par le mari, la dot était pour lui une garantie de restitution. En effet, le mari auquel, après la dissolution du mariage, on réclamait la dot, pouvait opérer des retenues ou rétentions pour cinq causes, et notamment pour le recouvrement des choses qu'il avait données à sa femme contrairement à la prohibition[1]. Justinien supprime la rétention *ob res donatas*, avec toutes les autres[2].

III. — En principe, lorsque les époux s'étaient fait mutuellement une donation prohibée, chacun d'eux, ayant une action révocatoire indépendante de celle de son conjoint, pouvait reprendre ce qu'il lui avait donné, qu'il eût lui-même conservé ou non ce qu'il devait à sa libéralité. Les conséquences de ces principes parurent injustes, et Adrien décida[3] que lorsque le demandeur aurait aliéné ou dissipé les biens

[1] L. LV, *in fine; hoc tit.*
[2] *Ulp. reg.*; VI, § 9.
[3] L. I, § 5, C.; *De rei ux. act.* (5, 13.)

qu'il avait reçus de son conjoint, celui-ci pourrait lui opposer, jusqu'à due concurrence, la compensation de sa propre libéralité[1]. Il y parvenait, sans doute, au moyen d'une exception de dol[2]. Mais les libéralités permises ne se compensaient pas avec les libéralités illicites : ainsi le mari qui avait fait une donation à sa femme pouvait toujours exercer son action révocatoire, bien que sa femme lui eût légué des sommes importantes, car ces dernières n'entraient pas en compensation.

## § 2. — *Des donations jointes à un contrat à titre onéreux.*

Lorsqu'une donation entre époux était jointe à une vente, les jurisconsultes romains faisaient une distinction : si la vente n'était pas sérieuse, et n'avait été faite qu'en vue de la donation, l'acte était nul tout entier; si, au contraire, le vendeur avait eu réellement l'intention de vendre, et qu'il eût seulement fait une remise sur le prix, en faveur de son conjoint, dans le but de le gratifier, la vente devait être maintenue; la remise du prix seule était nulle, et l'acheteur était obligé de le payer intégralement. Ulpien nous apprend que cette distinction finit par prévaloir, après avoir été repoussée par Julien, qui

[1] L. VII, § 2; *hoc tit.* La loi 32, § 9, qui est du même jurisconsulte, paraît n'autoriser la compensation qu'en cas de divorce. Mais Ulpien, qui fait allusion ici au sénatus consulte d'Antonin, veut exprimer simplement que la compensation n'est plus possible après la mort de l'un des donateurs, arrivée pendant le mariage.
[2] L. VIII, pr.; *De dol. mal.* (4, 3.)

annulait la vente dans tous les cas [1]. De même, lorsque l'acheteur renonçait à recourir contre le vendeur en cas d'éviction, ce pacte accessoire constituait une donation et était nul entre époux, mais la vente elle-même restait valable [2].

Il est facile de tirer de ces principes la solution à donner dans les différents contrats qui pouvaient servir aux époux à déguiser leurs libéralités.

### § 3. — *Des donations par omission.*

Nous avons vu qu'une donation pouvait consister dans une simple omission ; c'est lorsque cette omission procure par elle seule un bénéfice ou lorsqu'elle cache un acte qui constitue une donation.

Trois exemples de pareilles donations nous sont donnés dans notre titre ; nous devons les analyser rapidement.

Un époux omet, *donationis causa*, de faire usage d'une servitude grevant le fonds de son conjoint : la servitude est éteinte ; mais le donateur a une *condictio* pour en obtenir le rétablissement [3]. *Donationis causa* encore, un époux a laissé absoudre son conjoint, contre lequel il était à même d'obtenir une condamnation : la sentence est valable, mais il pourra recouvrer par la *condictio* le montant de cette donation [4].

J'observe d'abord que le juriconsulte n'exige pas,

[1] L. V, § 5 ; *hoc tit.*
[2] L. XXXI, § 4 ; *hoc tit.*
[3] L. V, § 6 ; *hoc tit.*
[4] L. V, § 7 ; *hoc tit.*

pour constituer la donation, le concours du mari et de la femme ; elle résulte de la volonté seule du donateur.

En second lieu, je remarque que le non-usage de la servitude et la sentence du juge produisent, malgré la donation, leur effet juridique ; il y a extinction de la servitude, absolution du défendeur, et le donateur n'a qu'une *condictio* pour réparer indirectement son omission. Il y a là une anomalie, car nous voyons, dans des cas semblables, la servitude continuer d'exister, et l'omission annulée équivaloir à l'acte qui aurait dû être fait [1].

Peut-être cependant pourrait-on expliquer cette anomalie en faisant observer que la prohibition des donations entre époux a été introduite par la jurisprudence et les mœurs, à la différence de la prohibition d'aliéner le fonds dotal, proclamée par la loi Julia ; que sans doute, à l'origine, on n'a pas considéré comme une donation caractérisée le non-usage volontaire d'une servitude, et que c'est seulement dans le dernier état du droit qu'on l'a fait rentrer dans la prohibition, à l'aide d'un moyen detourné, savoir la *condictio sine causa.*

La troisième hypothèse est relative à l'usucapion [2]. Une femme a reçu d'un tiers un bien appartenant à son mari et est en train de l'usucaper. Plusieurs cas

---

[1] L. V et VI, D.; *De fund. dot.* (23, 5.)
[2] L. XLIV; *hoc tit.* Nous adoptons la ponctuation de M. de Savigny (Appendice IX) et de M. Machelard (page 258), qui consiste à mettre un point entre *donationis* et *ipsius*, et à supprimer les deux points entre *scientia* et *propius.*

peuvent se présenter ; le texte en prévoit deux. — La femme et le mari apprennent tous les deux que c'est la propriété du mari, et celui-ci omet de revendiquer: l'usucapion est interrompue, car le titre auquel possédait la femme est changé, elle possède désormais comme donataire de son mari. — La femme seule apprend qu'elle possède le bien de son mari : elle continue à l'usucaper, car la bonne foi n'est requise qu'au commencement de la possession, et, d'un autre côté, observe le jurisconsulte, s'il est défendu aux époux de se faire une donation, ce n'est pas à dire qu'ils ne puissent acquérir autrement les biens l'un de l'autre.

Un troisième cas est passé sous silence par Nératius, et a besoin cependant d'être examiné : c'est celui où le mari, découvrant seul qu'il est propriétaire, s'abstient de revendiquer, en vue de gratifier sa femme, qui continue à posséder de bonne foi. Nous n'hésitons pas à dire, en étendant à cette hypothèse la solution donnée plus haut à l'égard de la servitude, que l'usucapion n'est pas interrompue, mais que le mari aura une *condictio* pour recouvrer sa propriété. Il est plus facile d'expliquer ici pourquoi l'usucapion n'est pas interrompue, puisque, même en attribuant à l'inaction du mari le même effet qu'aurait eu l'acte dont il s'est abstenu, c'est-à-dire la revendication, il n'y aurait pas encore interruption de l'usucapion [1].

[1] L. XVIII; *De rei vind.* (6, 1.)

### § 4. — *Des donations par personnes interposées*

Il arrivait souvent que la donation entre époux s'opérait au moyen d'un acte juridique fait avec une tierce personne. Nous avons déjà dit que la règle de droit qui nous occupe atteignait ce genre de donation; mais nous devons examiner de quelle manière elle l'atteignait, et quelle influence elle exerçait sur l'acte passé avec le tiers.

Une femme, pour gratifier son mari, s'est obligée envers son créancier à acquitter une de ses dettes. Deux voies de droit se présentaient pour détruire l'effet de cette donation. On pouvait admettre comme valables l'engagement de la femme vis-à-vis du créancier et la libération du mari qui devait s'ensuivre, et accorder à la femme une *condictio* contre son mari, de même que si elle lui eût donné de l'argent comptant; on pouvait aussi tenir le tout pour absolument nul, et laisser les choses dans le même état qu'auparavant. Ce dernier parti était le plus sûr, comme le plus conforme à l'effet absolu de la prohibition ; aussi fut-il adopté par les jurisconsultes, qui posent en principe que l'acte juridique passé avec le tiers n'a aucune valeur[1]. Ainsi, le mari n'est pas libéré; la femme n'est pas obligée ; si elle a donné un fidéjusseur, il n'est pas tenu non plus : en un mot, dit le jurisconsulte, c'est comme si la femme n'avait rien promis[2].

[1] L. V, § 2; hoc tit.
[2] L. V, § 3; hoc tit.

Il en était absolument de même quand la donation résultait du transport d'une créance, c'est-à-dire quand le mari chargeait un débiteur de s'engager envers sa femme. Ici encore tout était nul, et le débiteur n'était ni libéré envers le mari, ni engagé envers la femme. Qu'arrivait-il, cependant, si le débiteur, croyant sa nouvelle obligation valable, versait la somme entre les mains de la femme? Le payement était nul, le débiteur pouvait exercer la revendication tant que la somme payée existait en nature, et la *condictio*, quand elle était consommée. D'un autre côté, il restait obligé envers le mari; néanmoins comme il avait payé d'après sa volonté, il pouvait opposer à sa réclamation une *doli exceptio*, mais en lui cédant son action contre la femme. Du reste, le mari avait aussi directement une *condictio* contre sa femme, pour le cas où elle avait profité de la somme, puisque c'était en réalité aux dépens du mari qu'elle s'était procuré cet enrichissement[1].

En suivant rigoureusement ces idées, on devait décider que quand le mari ordonne à son débiteur de verser ce qu'il lui doit entre les mains de sa femme, le payement est également nul; d'où les conséquences que nous venons d'énumérer. Telle paraît avoir été la doctrine primitive; du moins, nous trouvons ces principes énoncés dans un texte d'Africain[2].

Mais par suite du développement plus libre introduit en matière de possession, une autre doctrine

[1] L. V, § 3 et L. XXXIX; *hoc tit.*
[2] L. XXXVIII, § 1; *De solut.* (46,3.)

prévalut, que nous voyons enseignée par Celse, par Julien et par Ulpien. La somme est censée avoir été payée par le débiteur au mari, et avoir été remise par le mari à la femme. De ces deux traditions, une seule apparaît, l'autre a été cachée, pour simplifier et pour abréger l'opération ; mais elles existent toutes deux, car la femme a reçu la somme comme venant de son mari, et lui-même l'a reçue de son débiteur par l'intermédiaire de sa femme. En conséquence, le débiteur se trouve libéré, et le mari a contre sa femme les voies de droit ordinaires [1].

Il ne faut pas songer à mettre d'accord Africain et Ulpien ; car la différence de leurs doctrines tient à un dissentiment sur le *constitutum possessorium* dont d'autres textes nous donnent un nouveau témoignage [2].

Quand la donation, sans être faite par personnes interposées, était jointe à un acte licite passé avec un tiers, si on pouvait les séparer, on maintenait l'acte et on annulait la donation; dans le cas contraire, on maintenait la donation plutôt que d'annuler l'acte avec elle [3]. C'est ce qui arrivait lorsqu'un mari établissait, à titre gratuit, sur son fonds, une servitude au profit d'un héritage appartenant en commun à sa femme et à un tiers. La servitude devait être maintenue ou annulée pour le tout : on la maintenait pour le tout.

[1] L. III, §§ 12 et 13 ; *hoc tit.*
[2] Voyez L. XXXIV, pr ; *mandati.* (17, 1) et les L. XV ; *De reb. cred.* (12, 1); XI, pr.; *cod.*; 3, § 3 ; *Ad sen. Maced.* (14, 6.)
[3] L. V, § 2 ; *hoc tit.*

## CHAPITRE DEUXIÈME.

### DU SÉNATUS-CONSULTE D'ALEXANDRE SÉVÈRE ET D'ANTONIN CARACALLA.

Tel fut, jusqu'à l'an 206 de l'ère chrétienne, le droit de Rome sur les donations entre époux. Tandis que les donations à cause de mort étaient permises aux conjoints, comme aux étrangers, les donations entre-vifs, qui témoignent une plus grande affection que les autres, leur étaient interdites et étaient frappées d'une nullité absolue. Une pareille prohibition n'était-elle pas trop rigoureuse ? S'il convenait de protéger les époux contre leur propre faiblesse, ne devait-on pas aussi laisser à leurs dispositions l'effet qu'elles pouvaient légitimement produire ? A ce point de vue, le droit romain demandait évidemment une amélioration. Elle lui fut donnée par le sénatus-consulte rendu sous les empereurs Alexandre-Sévère et Antonin Caracalla.

### § I<sup>er</sup> — *De l'effet du sénatus-consulte.*

L'*oratio* lue par Antonin devant le sénat [1], dont un fragment nous a été conservé par Ulpien, résume en ces termes l'innovation que devait produire le sénatus-consulte : il est juste que celui qui a donné puisse se repentir; mais qu'un héritier dépouille le donataire, au mépris, peut-être, de la dernière volonté de celui qui a fait la donation, c'est de la dureté et de l'a-varice [2].

[1] L. III, pr.; *hoc tit.*
[2] L. XXXII, § 2; *hoc tit.*

Ainsi, à partir de cette époque, le conjoint donateur peut toujours se désister de sa libéralité, mais
s'il meurt sans en avoir manifesté l'intention, la donation devient valable et ses héritiers sont obligés de
la respecter. On suppose qu'il a voulu faire une
*mortis causa donatio*, et l'on étend à la donation entre-
vifs les règles propres à cette sorte de donation entre
époux : c'est-à-dire que la libéralité ne produit jamais
d'effet qu'à la mort du donateur, mais que, conformément à son intention, cet effet rétroagit au jour de
la disposition [1].

L'assimilation des donations entre époux aux donations à cause de mort entraîna pour elles la nécessité de subir la réduction de la loi Falcidie [2], qu'une
constitution de Sévère et d'Antonin [3] avait imposée à
ces dernières. Elles furent, de plus, soumises aux diverses restrictions des lois Julia et Papia Poppœa, et
notamment à la limite des *decimæ* établie par la loi
Julia [4].

Il n'en fut ainsi, bien entendu, que pour les libéralités qui avaient besoin de la confirmation du sénatus-
consulte, et non pour celles que le droit antérieur re-
connaissait déjà comme valables [5]. Du reste, les premières mêmes, quoique assimilées, sous plus d'un
rapport, aux donations à cause de mort, ne furent cependant pas confondues avec elles. Ainsi, à la différence des donations à cause de mort, qui étaient dis-

[1] L. XXV, C. ; *hoc tit.* Voyez page 22.
[2] L. XXXII, § 1 ; *hoc tit.*
[3] L. V, C. ; *Ad leg. Falcid.* (6, 50.)
[4] *Fragm. vat.*, § 91. L. XXXII, § 21 ; *hoc tit.*
[5] L. XII, C. ; *Ad leg. Falcid.* (6, 50.)

pensées de l'insinuation, elles ne valaient, en vertu
du sénatus-consulte, qu'autant qu'elles avaient été insinuées, si elles atteignaient le taux fixé; à défaut de
cette formalité, elles demeuraient nulles pour tout
l'excédant[1].

## § 2. — A quelles donations s'appliquait le sénatus-consulte.

La confirmation autorisée par le sénatus-consulte
s'étendait à toutes donations nulles à cause de la prohibition des donations entre époux, aux donations
faites entre les divers membres de la famille des
conjoints ou par personnes interposées, aussi bien
qu'à celles qui avaient lieu d'un conjoint à l'autre;
aux donations déguisées, comme aux donations faites
ouvertement; à celles qui résultaient d'un contrat
d'obligation, comme à celles qui se formaient par
une tradition. Cette doctrine est contestée depuis
longtemps par un grand nombre d'auteurs, qui sou-
tiennent que la donation par tradition a seule été
confirmée par le sénatus-consulte. Il est donc nécessaire d'entrer dans quelques détails à cet égard.

Ulpien nous dit en termes exprès[2] : « Oratio per-
tinet *ad omnes donationes* inter virum et uxorem fac-
tas : ut et ipso jure res fiant ejus cui donatæ sunt, et
*obligatio sit civilis.* » Et plus formellement encore au
§ 23 du même texte: « Sive autem res fuit quæ do-
nata est, *sive obligatio remissa,* potest dici donationem effectum habere... *et generaliter universæ do-*

[1] L. XXV, C.; *hoc tit.*
[2] L. XXXII, § 1; *hoc tit.*

*nationes quas impediri diximus*, ex oratione valebunt. »
Ainsi s'exprime Ulpien, et il résulte bien des termes
dont il se sert que toute espèce de donation entre
époux peut devenir valable, grâce au sénatus-consulte,
en sorte que cette donation est désormais susceptible, non-seulement de transférer la propriété (quand
les parties ont eu recours à l'un des modes exigés
pour cela), mais aussi de créer une obligation valable en droit civil, *et obligatio sit civilis.*

Du reste, le jurisconsulte fait lui-même l'application
de sa doctrine. Il suppose qu'un mari ou une femme
a promis une rente annuelle à son conjoint, et il
décide que cette donation sera confirmée par la mort
du promettant arrivée pendant le mariage [1]; ou bien
qu'une société a été formée, *donationis causa,* entre
conjoints, et il dit que, si un pareil acte n'est pas
validé par le sénatus-consulte, c'est qu'il est nul
comme société, en même temps que comme donation [2].

A ces textes, qui nous paraissent trancher la question, on oppose, dans l'opinion contraire, d'abord le
fragment de l'*oratio* d'Antonin que nous avons cité
plus haut, où l'empereur paraît supposer la déposses-
sion d'un bien déjà acquis, et, par conséquent, une
donation faite par tradition. S'il était seul, ce serait
là un assez mauvais argument, mais on y joint un
texte où Ulpien lui-même approuve, dit-on, cette
doctrine : « Papinianus *recte* putabat, orationem divi

[1] L. XXXII, pr. et § 2; *hoc tit.*
[2] L. XXXII, § 24; *hoc tit.* et L. V, § 2; *pro socio.* (17, 2). Adde L. II. C.: *De dot. caut.* (5, 16.)

— 46 —

Severi ad rerum donationem pertinere : denique si stipulanti spopondisset uxori suæ, non putabat conveniri posse heredem mariti, licet durante voluntate maritus decesserit [1]. »

On a tenté bien des explications de ce mot *recte*. La meilleure, selon nous, est celle de M. de Savigny, qui fait observer qu'à prendre le texte tel qu'il est, il n'en ressort pas nécessairement qu'Ulpien approuve la doctrine de Papinien, puisque le verbe *putabat* est répété deux fois, et qu'il n'est accompagné de l'adverbe *recte* que dans la première partie de la phrase, celle qui ne souffre pas de difficulté. Sans doute, d'après ce point de vue, on devrait s'attendre à voir Ulpien réfuter formellement l'opinion exprimée dans la seconde partie; il l'avait vraisemblablement fait, et les compilateurs auront omis cette réfutation, en obéissant, par inadvertance, à l'usage ancien de donner la préférence à Papinien [2].

Il faut reconnaître seulement que la question était débattue entre les jurisconsultes [3]. Elle resta controversée après la rédaction du Digeste; mais Justinien, dans la Novelle 162, enseigne et applique la doctrine d'Ulpien : il est donc légitime de soutenir que c'est elle qui avait prévalu.

[1] L. XXIII; *hoc tit.*
[2] L. III, C. th.; *De resp. prud.* (1 4.) Voyez M. de Savigny, page 192, et M. Machelard, page 280.
[3] La doctrine de Papinien est encore exprimée dans les *Fragm. vatic.*, § 294.

## § 3. — *Des conditions requises pour la confirmation.*

Trois conditions devaient se rencontrer pour qu'une donation entre époux devînt valable en vertu du sénatus-consulte de l'an 206 : 1° que le donateur persévérât jusqu'à la mort dans son intention de libéralité; 2° qu'il mourût avant le donataire; 3° qu'il mourût pendant le mariage ; 4° que les parties fussent capables, à ce moment, l'une de donner, et l'autre de recevoir.

I. — Comme, dans les donations à cause de mort, la faculté de se repentir resta toujours ouverte à l'époux qui avait fait une donation à son conjoint, *fas esse eum pœnitere*, il n'était tenu d'alléguer aucun motif pour justifier le son changement d'intention, il suffisait que ce changement existât; mais comme le donateur pouvait revenir à son gré sur sa détermination, on devait s'attacher à la dernière manifestation de sa volonté : c'est pourquoi l'on dit que son repentir devait être suprême, *uprema pœnitentia* [1].

Du reste, cette manifestation pouvait avoir lieu tacitement, aussi bien que d'une manière expresse. Ainsi, l'aliénation à titre gratuit ou onéreux entraînait la révocation de la donation [2], bien qu'en matière de legs l'aliénation ne produisît cet effet qu'autant qu'elle avait eu lieu *adimendi animo* [3]. L'hypothèque et le gage paraissent même avoir été mis sur le même rang

[1] L. XXXII, § 4; *hoc tit.*
[2] L. XII, C.; *hoc tit.*
[3] Inst. L. II, tit. XX, § 12.

que l'aliénation [1]; cependant Ulpien n'y voit pas une preuve de révocation, s'il résulte des circonstances que telle n'a pas été l'intention du donateur, si le donataire, par exemple, a été laissé en possession : il oblige seulement, dans ce cas, le donataire à désintéresser le créancier [2]. Justinien alla plus loin, et, présumant toujours chez le donateur l'intention de maintenir sa libéralité, il décida que, nonobstant les hypothèques créées postérieurement, la donation entre époux n'en serait pas moins confirmée par le silence du donateur [3].

Toutefois, il n'était pas nécessaire, pour qu'il y eût révocation, que le donateur eût recouvré lui-même la possession des objets donnés; ses héritiers pouvaient les reprendre après sa mort, dès qu'ils établissaient sa volonté à cet égard.

II. — Les principes qui régissaient les donations à cause de mort reposaient sur cette présomption, que le disposant consentait à préférer à lui-même le donataire, mais non les héritiers de celui-ci [4]. En assimilant les donations entre époux aux donations à cause de mort, on en subordonna nécessairement la validité à la survie du donataire. S'il décédait avant son conjoint, la donation était nulle, et la chose pouvait toujours être répétée contre ses héritiers, sans que ceux-ci pussent opposer au donateur la compensation des li-

[1] L. XII, C; hoc tit.
[2] L. XXXII, § 5; hoc tit.
[3] Nov. 162.
[4] Inst. L. II, t. vii, § 1, In fine.

béralités réciproques de leur auteur, ces libéralités se trouvant confirmées par le prédécès du disposant[1].

Il n'était même pas au pouvoir du donateur de rendre la donation valable en s'abstenant de revendiquer : il pouvait seulement résulter de son silence une donation nouvelle au profit des héritiers, si telle était son intention. Mais il fallait qu'il manifestât cette volonté, que l'on ne présumait pas, en général. Il en était autrement lorsque l'un des époux avait donné à son beau-père, et que celui-ci mourait en laissant l'autre époux pour unique héritier : on supposait alors, dans le silence du donateur, qu'il entendait reporter sa libéralité sur son conjoint, et une nouvelle donation remplaçait celle qui n'avait pu être confirmée[2].

Nous avons vu que le sénatus-consulte ne s'appliquait pas seulement aux donations faites entre les époux eux-mêmes, mais qu'il s'étendait à celles qui avaient lieu entre les membres des deux familles. Quelles étaient, dans cette hypothèse, les personnes dont la mort devait confirmer la libéralité ? Les jurisconsultes exigeaient le prédécès du donateur et celui de l'époux auquel il se rattachait. Ainsi, Papinien suppose un beau-père qui a fait une donation à son gendre ou à sa bru, et, pour la confirmation, il exige d'abord la mort du conjoint enfant du donateur, et, ensuite celle du beau-père donateur[3].

[1] L. XXXII, § 9, in fine ; hoc tit.
[2] L. XXXII, § 18 ; hoc tit.
[3] L. XXXII, §§ 16 et 20 ; hoc tit.

Le sort de la donation entre époux était facile à
déterminer, quand il s'écoulait un certain temps entre
la mort du donateur et celle du donataire, et qu'on
pouvait établir un ordre de dates entre ces deux événements. Mais que décider lorsqu'ils s'étaient produits simultanément, lorsque, par exemple, les deux
époux avaient péri victimes du même accident. C'est
l'hypothèse des *commorientes*, appliquée aux donations
entre époux. Ulpien traite cette question, qu'il trouve
fort délicate : il recommande de s'attacher avant tout
aux circonstances du fait, pour tâcher de savoir lequel des deux est mort le premier; si l'on ne peut y
parvenir, il pense que la donation doit être validée.
Le jurisconsulte s'appuie sur les termes de *l'oratio*,
qui déclare la donation nulle, *si prior vita decesserit
qui donatum accepit;* or, dit-il, on ne peut pas dire
que le donataire soit mort le premier, puisqu'il
est mort en même temps que le donateur. Il décide
de la même manière, qu'en pareil cas, les donations
mutuelles seraient toutes deux confirmées, et que les
héritiers en bénéficieraient respectivement [1].

III. — La donation ne pouvait être confirmée en
vertu du sénatus-consulte, s'il survenait un divorce
entre les époux [2], à moins qu'ils n'eussent repris la
vie commune avant la mort du donataire [3]? Le maintien de la nullité de la donation, en pareil cas, repose
sur un double motif : 1° La donation entre époux était
présumée faite sous la condition que le mariage sub-

[1] L. XXXII, § 14; *hoc tit.*
[2] L. LXII, § 1; *hoc tit.* L. XVIII, C.; *cod.*
[3] L. XXXII, § 11; *hoc tit.*

sisterait jusqu'à la mort du donataire [1]. 2° Le divorce
faisait supposer que le donateur avait abandonné ses
intentions de libéralité. La réconciliation entre les
époux rétablissait le mariage et faisait tomber la présomption d'une révocation de la part du donateur ;
dès lors, il était naturel que la donation pût être confirmée.

Nous avons déjà exposé ces principes pour les donations à cause de mort, et nous avons dit qu'il n'y
avait pas révocation, malgré le divorce, si le donateur manifestait la volonté de maintenir sa libéralité.
Il en fut de même après le sénatus-consulte pour les
donations entre-vifs ; mais il importait alors de savoir si le donateur entendait maintenir sa libéralité
comme donation entre-vifs ordinaire, ou s'il voulait
seulement lui conserver la force qu'elle avait avant la
dissolution du mariage. Dans le premier cas, elle
produisait un effet immédiat et irrévocable ; dans le
second, elle était changée en donation à cause de
mort.

Les règles précédentes recevaient leur exécution,
lors même qu'il s'agissait du mariage d'un patron
avec son affranchie, bien que la loi Julia *de maritan-
dis ordinibus* défendît à l'affranchie de divorcer d'a-
vec son patron si celui-ci n'y consentait [2]. En effet,
le divorce n'était pas nul pour cela : le mariage était
rompu, et les époux cessaient d'être appelés à la succession l'un de l'autre ; seulement l'affranchie ne

[1] L. XXXII, § 11; *hoc tit.*
[2] L. LXII, § 1 ; *hoc tit.*

pouvait pas exercer l'action *de dote*, ni contracter un nouveau mariage sans le consentement de son patron[1]. Il n'est donc pas étonnant que les libéralités entre époux soient révoquées par un semblable divorce.

Chez les Romains, les ascendants eurent pendant longtemps le droit de dissoudre, quand bon leur semblait, le mariage légalement contracté par les enfants qu'ils avaient sous leur puissance. Antonin le Pieux leur enleva ce pouvoir, barbare quand les époux vivaient en bonne intelligence[2]. Toutefois, l'envoi du *repudium* par le *paterfamilias* conserva la puissance de révoquer les donations qu'il pouvait avoir faites à l'un des conjoints : le mariage subsistait entre les époux ; mais il n'existait plus à l'égard du *paterfamilias*[3]. De même, se trouvaient annulées les donations réciproques que les deux beaux-pères s'étaient consenties, s'ils envoyaient à leurs enfants, malgré eux, le libelle de répudiation[4].

IV. — La donation entre époux, ne produisant son effet qu'à la mort du donateur, exigeait, à l'instar des dispositions testamentaires, qu'il y eût, à cette époque, capacité de donner, chez le donateur, et capacité de recevoir, chez le donataire. Le sénatus-consulte était donc impuissant à confirmer la donation, lorsque l'une ou l'autre des parties était devenue l'esclave d'un simple particulier : comme le dit Ulpien, bien

[1] L. XI, pr. ; *De divort.* (24, 2.) L. I, § 1 ; *unde vir et uxor*; (38, 11.)
[2] Paul. sent. V, VI, § 15.
[3] L. XXXII, § 19; *hoc tit.*
[4] L. XXXII, § 20 ; *hoc tit.*

que l'esclavage fût assimilé à la mort, il anéantissait
la donation, bien loin de la rendre définitive [1].

On décidait de même, lorsque le donateur avait encouru l'esclavage de la peine. En vain aurait-il de-
vancé la condamnation capitale en y échappant par
un suicide. On voyait dans cet acte de désespoir un
aveu tacite du crime, en vertu duquel la confiscation
était appliquée et les actes du coupable étaient traités
comme s'il y avait eu condamnation [2]. Pareillement,
en cas de crime de haute trahison de la part du donateur, le procès était possible, même après sa mort ;
et s'il était condamné, ou plutôt s'il y avait condamnation de sa mémoire, *si memoria ejus damnata sit*,
il s'opérait un effet rétroactif, qui faisait considérer
le donateur comme étant mort en état de condamnation [3]. Dans tous ces cas, la libéralité ne pouvait être
confirmée par la mort du donateur, puisqu'à cette
époque il n'avait plus la capacité de disposer de ses
biens.

D'après ces principes, la donation aurait dû également être infirmée lorsque le donateur ou le donataire tombait au pouvoir de l'ennemi, la servitude
faisant perdre tous les droits civils, comme l'esclavage [4]. Il en était cependant autrement : on appliquait ici les fictions introduites, dans l'intérêt des prisonniers, par le *jus postliminii* et la loi *Cornelia;* en
sorte que, si le donateur mourait chez l'ennemi, la

[1] L. XXXII, § 6; *hoc tit.*
[2] L. III; *De bon. ecr.* (48, 21) et L. XXXII, § 7; *hoc tit.*
[3] L. XXXII, § 7; *hoc tit.*
[4] Inst. 1, 16, § 1.

donation se trouvait confirmée depuis l'instant de sa captivité [1], et si le donataire se trouvait prisonnier à la mort du donateur, mais qu'il revînt ensuite dans sa patrie, il profitait de la donation comme s'il ne l'eût jamais quittée [2].

Si les deux époux tombaient au même instant en captivité et mouraient tous deux chez l'ennemi, la donation était encore validée, grâce à la loi *Cornelia*. En effet, on réputait les époux morts ensemble au moment où ils avaient été faits prisonniers, et dès lors on se trouvait dans les conditions requises par le sénatus-consulte. Si l'un des conjoints revenait de chez l'ennemi, et que ce fût le donataire, la donation se trouvait confirmée; si, au contraire, c'était le donateur, il y avait infirmation [3].

L'ancienne jurisprudence faisait encore une exception aux principes ci-dessus en faveur des militaires qui avaient encouru une peine capitale par suite d'un crime militaire. Il était d'usage de leur permettre, malgré la condamnation, de disposer par testament de leur pécule castrens [4]. L'effet de cette autorisation s'étendait naturellement aux donations à cause de mort, et par conséquent, vis à vis de leurs conjoints, à toutes les donations qu'ils avaient pu faire, des biens de ce pécule [5].

---

[1] L. XVIII; *De capt et post.* (49, 15.)
[2] L. XXVII, C.; *hoc tit.*
[3] L. XXXII, § 14; *hoc tit.*
[4] L. VI, § 6; *De inj. rumpt.* (28, 3) et L. XIII, C.; *De test. mil.* (6, 21.)
[5] L. XXXII, § 8; *hoc tit.*

Enfin, nous avons déjà dit [1] que Constantin abrogea l'ancien droit, en ce qui touche les effets de l'esclavage de la peine sur les donations entre époux, et que, d'après sa constitution, les biens donnés par le condamné à son conjoint cessèrent d'être attribués au fisc, pour demeurer au donataire. Toutefois, ils ne lui étaient pas acquis d'une manière définitive, la validité de la donation restant subordonnée au prédécès du donateur sans révocation.

[1] Page 23.

# SECONDE PARTIE.

---

# DROIT FRANÇAIS.

---

## DES DONATIONS ENTRE ÉPOUX, SOIT AVANT, SOIT PENDANT LE MARIAGE.

### (CODE NAPOLÉON, LIV. III, TIT. II, CH. IX.)

## CHAPITRE PREMIER.

### DES DONATIONS ENTRE FUTURS ÉPOUX.

#### SECTION I.

##### DES DONATIONS FAITES EN DEHORS DU CONTRAT DE MARIAGE.

Le Code ne traite d'une manière spéciale des donations entre futurs époux qu'autant qu'elles sont contenues dans leur contrat de mariage ; il est évident cependant qu'ils peuvent aussi se faire des libéralités dans les formes du droit commun. Mais alors ces libéralités sont régies également, quant au fond, par les règles du droit commun, et non par celles qui sont propres aux donations entre futurs époux.

Toutefois les articles 960 et 1088 s'appliquent, par la généralité de leurs termes et la nature même de leurs dispositions, à toute donation entre futurs conjoints, qu'elle soit contenue dans leur contrat de mariage ou qu'elle ait été réalisée par acte séparé.

Ainsi : 1° toute donation faite entre personnes qui doivent s'épouser, et en considération du mariage projeté, est caduque, s'il arrive que ce mariage ne soit pas réalisé, ou si, après avoir été célébré, il vient à être annulé, sauf dans ce dernier cas l'application des règles sur les mariages putatifs.(Art. 1088 et arg. des art. 1131 et 1181).

2° Une pareille donation n'est pas révoquée pour cause de survenance d'enfant (Art. 960.)

C'eût été, en réalité, interdire les donations entre époux, que de les soumettre à la révocation pour cause de survenance d'enfant, puisque le principal but du mariage est précisément la procréation des enfants. C'est là certainement le véritable motif de la disposition de l'ordonnance de 1731, reproduite textuellement dans l'article 960 du Code Napoléon. Pothier en donne une autre raison qui n'est pas sans valeur « C'est qu'il est comme indifférent aux enfants de trouver les biens donnés dans la succession du donateur ou dans celle du donataire, qui sont également intéressés à les conserver [1] ».

Mais si ces considérations sont exactes, lorsqu'il s'agit d'un enfant issu du mariage en faveur duquel a été

[1] *Traité des donations entre-vifs*, sect. III, art. 11, § 1.

faite la donation, elles cessent de l'être, quand on suppose un enfant que le donateur aurait eu d'un mariage subséquent. Aussi plusieurs auteurs ont-ils soutenu, tant sous l'ordonnance de 1731 que sous l'empire du Code Napoléon, qu'en pareil cas la donation était révoquée. Mais cette doctrine est évidemment contraire à l'article 960, qui dispense absolument la donation entre futurs époux de la révocation pour cause de survenance d'enfant.

M. Demolombe cherche, au contraire, à justifier les termes absolus de l'article 960 : « Ce que le législateur a considéré, dit-il, c'est que l'époux donnant à son époux pouvait être présumé le préférer même à ses enfants [1]. » Pour nous, cette présomption nous paraît complétement inadmissible, non-seulement parce que nous croyons que sa généralité la rend contraire à l'intention probable du donateur, mais surtout parce qu'elle est en opposition manifeste avec la présomption légale sur laquelle repose le principe même de la révocation pour survenance d'enfant : à savoir que le donateur qui n'a pas actuellement d'enfant est (naturellement et juridiquement) incapable de préférer qui que ce soit aux enfants qui pourront lui subvenir. Mais si nous n'adoptons pas l'explication du savant professeur, nous répétons que sa doctrine nous paraît seule exacte en présence de l'article 960.

A part les deux articles que nous venons d'interpréter, les donations dont nous nous occupons sont

[1] T. III, page 710.

assimilées aux donations ordinaires et soumises à toutes les règles qui les gouvernent.

*Quant à la capacité des parties.* —Elles ne peuvent être faites que par un majeur. (Art. 904). Si le donataire est mineur, elles doivent être acceptées par son tuteur avec l'autorisation du conseil de famille, ou, s'il est émancipé, par le mineur lui-même, assisté de son curateur ; sauf dans l'un et l'autre cas le droit conféré à tous ascendants d'accepter pour leur descendant. (Art. 935.) La violation de ces articles entraînerait la nullité de la donation, mais seulement sa nullité relative : c'est là en effet une pure question de capacité, qui doit être résolue conformément à l'article 1125.

*Quant à la forme.* — Elles doivent être faites devant notaire, avec minute (art. 931), et conformément aux dispositions des lois du 25 ventôse au XI et du 21 juin 1843. Elles doivent être acceptées en termes exprès, dans l'acte de donation ou par acte séparé, dans le temps et avec les formalités prescrits par les articles 932 et 933. Enfin elles doivent être accompagnées, pour les meubles, d'un état estimatif (art. 948), et pour les immeubles, elles doivent être transcrites pour être opposables aux tiers. (Art. 939 et loi du 23 mars 1855 art. 2.)

*Quant au fond.* — Elles ne peuvent porter que sur des biens présents, c'est-à-dire des biens sur lesquels il soit possible au donateur de conférer au donataire un droit indépendant de sa volonté ultérieure. (Art. 894 et 943.) Mais ce droit peut être subordonné à l'arrivée d'une condition, suspensive ou résolutoire, pourvu qu'il n'en résulte pas directement ou indirectement pour le donateur le pouvoir de l'anéantir ou de le modifier. (Art. 944 et suiv.) A plus forte raison, l'exercice en peut-il être retardé par un terme, soit certain, comme une époque, soit incertain, comme la mort du donateur.

Elles peuvent être révoquées pour cause d'ingratitude et pour inexécution des conditions sous lesquelles elles ont été faites. (Art. 953 et suivants.) [1]

Elles sont soumises au rapport, lorsque le donataire vient à la succession de son conjoint, en concours avec d'autres héritiers, soit par suite de sa parenté vis-à-vis du défunt, soit par l'effet d'un mariage putatif. (Art. 843 et suiv., 201 et 202.)

Enfin, elles sont sujettes à réduction lorsqu'elles excèdent la quotité disponible. (Art. 920.) Il s'agit ici, en principe, de la quotité disponible ordinaire, et non de la quotité spéciale aux libéralités entre époux. Néanmoins nous verrons que l'article 1098 s'applique à toutes les libéralités faites en vue du mariage, et il s'élève sur l'article 1094 même une question que nous aurons à examiner en étudiant cet article.

## SECTION II.

### DES DONATIONS CONTENUES DANS LE CONTRAT DE MARIAGE.

Les donations que se font les futurs époux, aussi bien que celles qui leur sont faites par leurs parents

---

[1] *Nec obstat.* art 959; voyez page.

ou par des étrangers dans leur contrat de mariage, participent à la faveur accordée par la loi au mariage et jouissent de certaines dérogations aux principes du droit commun en matière de donations entre-vifs. Du reste, le Code Napoléon n'a fait que reproduire, à cet égard, les dispositions de l'ordonnance de 1731.

La principale de ces dérogations consiste en ce que les donations qui nous occupent ne sont pas nécessairement sujettes à la règle d'irrévocabilité établie par l'article 894. Il en résulte que les futurs époux peuvent se donner, dans leur contrat de mariage, non-seulement leurs biens présents, mais aussi leurs biens à venir, ou simultanément leurs biens présents et à venir, et qu'ils peuvent soumettre leurs libéralités à des conditions qui laissent au donateur le pouvoir d'en modifier, ou même d'en anéantir les effets.

Ces diverses espèces de donations sont soumises en partie à des règles communes, en partie à des règles particulières. Nous étudierons les premières avant de passer au détail des secondes.

### ARTICLE PREMIER.

*Règles communes à toutes les donations.*

*Sur la capacité des parties.* — Le mineur habile à contracter mariage est assimilé au majeur, lorsqu'il est assisté, dans son contrat de mariage, des personnes dont le consentement est nécessaire pour la validité de son mariage. Il peut, par conséquent, faire, dans

ce contrat, à son futur conjoint et accepter de lui
toutes les donations permises, en pareil cas, entre ma-
jeurs. (Art. 1095 et 1398.)

*Sur la forme.* — La donation doit être faite dans
un contrat de mariage régulier, ou dans un acte qui,
passé et rédigé avant le mariage, dans la forme déterminée par les articles 1396 et 1397, se réfère à
un contrat de mariage antérieur. La nullité de cet
acte, comme acte additionnel du contrat de mariage,
entraînerait la nullité de la donation, à moins que
toutes les conditions, tant de forme que de fond,
prescrites par la validité des donations faites en dehors du contrat de mariage, ne se trouvassent réunies. Du reste, le notaire doit, à peine de nullité,
garder minute des contrats de mariage et des actes
additionnels, comme de tous autres actes portant donation. (L. du 25 vent. an xi, art. 20 et 28.) Enfin,
la donation par contrat de mariage est dispensée de
la formalité insidieuse de l'acceptation expresse.
(Art. 1087.)

*Sur le fond.* — Nous avons vu que les donations
entre futurs époux, même lorsqu'elles sont faites en
dehors du contrat de mariage, sont subordonnées à
la condition que le mariage se réalisera, et ne sont
pas révoquées pour cause de survenance d'enfant. A
plus forte raison en est-il ainsi pour celles qui ont
lieu par contrat de mariage[1].

[1] Les futurs époux pourraient même dispenser de la révocation
pour survenance d'enfant une donation antérieure, faite en dehors
de tout projet de mariage, en déclarant, dans leur contrat de mariage, que telle est leur intention.

Celles-ci sont révoquées de plein droit par la séparation de corps prononcée contre l'époux donataire. (Art. 299.)

C'est en ce sens que la Cour de cassation, dans son arrêt solennel du 23 mai 1845, répudiant la jurisprudence traditionnelle de sa chambre civile, pour adopter celle des Cours royales, a résolu la question célèbre de savoir si l'art. 299 s'applique à la séparation de corps comme au divorce. Cette solution, maintenue depuis lors par la Cour suprême, est repoussée encore aujourd'hui par beaucoup d'auteurs. Pour nous, nous la croyons conforme aux principes.

L'ancien droit autorisait l'époux qui avait obtenu la séparation de corps à faire prononcer la révocation des libéralités par lui faites à son conjoint. Les rédacteurs du Code Napoléon, qui trouvèrent la séparation de corps remplacée par le divorce en vertu du décret des 20-25 septembre 1792, rattachèrent le même effet au divorce, avec plus d'énergie encore, puisque, d'après l'article 299, la révocation a lieu de plein droit et sans qu'il soit besoin de le demander en justice. Plus tard, sur les observations de Portalis que le catholique ne satisferait jamais à sa conscience en obtenant le divorce, puisqu'il donnerait ainsi à l'autre époux la faculté de méconnaître l'indissolubilité du mariage, ils rétablirent la séparation de corps « pour marcher parallèlement avec le divorce, pour être le divorce des catholiques. » Ainsi, dans l'intention du législateur, la séparation de corps et le divorce étaient deux institutions égales qui,

soumises aux mêmes causes, devaient produire les
mêmes effets, sauf l'effet essentiel de la dissolution
du mariage. Voilà pourquoi il n'a consacré que quelques articles à la séparation de corps, au titre même
du divorce, renvoyant expressément ou tacitement aux articles qui précèdent pour en connaître
les causes et les effets.

Il ne reste plus qu'à déterminer si la déchéance
établie par l'article 299 dérive ou non de la dissolution du mariage. Sur ce point il ne saurait y avoir de
doute. C'est une déchéance reproduite des dispositions
de l'ancien droit sur la séparation de corps ; d'après
le Code Napoléon, le divorce par consentement mutuel
ne l'engendrait pas, et, même dans le cas de divorce
pour cause déterminée, elle n'atteignait que l'époux
contre lequel le divorce était admis, bien que le mariage fût dissous, dans tous les cas, par le divorce, et
qu'il le fût vis à vis des deux époux. La révocation
des libéralités n'était donc pas liée à la dissolution du
mariage, elle avait pour causes véritables l'ingratitude
de l'époux donataire et l'inexécution des conditions de
la donation, et, par conséquent, elle peut résulter de
la séparation de corps, aussi bien qu'elle résultait du
divorce.

Du reste, l'article 1518 vient se joindre aux travaux
préparatoires, pour nous faire connaître clairement la
pensée du législateur à cet égard. Cet article a rapport
au préciput conventionnel ; il dispose qu'en cas de
dissolution de la communauté « par le divorce ou la
séparation de corps, il n'y a pas lieu à la délivrance
actuelle du préciput, mais que l'époux qui a obtenu

soit le divorce, soit la séparation de corps, conserve ses droits au préciput en cas de survie. » Donc l'époux qui a donné lieu à la séparation a perdu ses droits au préciput. Mais en vertu de quelle loi les a-t-il perdus ? L'article 1518 ne prononce pas lui-même cette déchéance, il la suppose établie par une disposition antérieure, et cette disposition ne peut être que l'article 299. D'ailleurs, si la séparation de corps fait perdre le préciput, qui est considéré comme une convention à titre onéreux plutôt que comme une donation (art. 1516), comment ne ferait-elle pas perdre les pures libéralités ?

Les donations entre futurs époux, faites par contrat de mariage, peuvent encore être révoquées pour cause d'ingratitude.

Cette proposition n'est pas non plus admise sans conteste. On oppose d'abord l'article 959 : « Les donations en faveur du mariage ne seront pas révocables pour cause d'ingratitude. » On ajoute qu'une fois admis la révocation de plein droit comme un effet de la séparation de corps, la révocabilité pour cause d'ingratitude devient inutile, puisque les faits qui constituent l'ingratitude peuvent servir de base à une demande en séparation de corps. (Art. 231 et 955.)

Je réponds que la révocation pour cause d'ingratitude est encore utile dans diverses hypothèses. En voici deux exemples :

1° L'époux outragé est mort sans connaître l'ingratitude de son conjoint, ou sans avoir pu commencer ou mener à fin l'instance en séparation de corps ;

plus de séparation possible, partant, plus de révocation pour cause de séparation. Mais si les donations
entre époux sont révocables pour cause d'ingratitude,
les héritiers pourront agir en vertu de l'article 957,
pourvu qu'ils soient encore dans les délais fixés par
cet article.

2° C'est l'époux demandeur qui, après avoir obtenu la séparation de corps, et par conséquent la révocation des libéralités qu'il avait faites à son conjoint,
se rend lui-même coupable envers ce conjoint des
actes de la plus noire ingratitude. Je sais bien que
quelques auteurs autorisent, en pareil cas, le défendeur primitif à former, à son tour, contre son conjoint une demande en séparation de corps. J'admettrais
moi-même cet expédient, si cela était nécessaire. Mais,
au lieu de chercher à obtenir indirectement la révocation d'une libéralité, en demandant une séparation
déjà prononcée par une décision irrévocable, il serait
plus naturel, il faut bien l'avouer, de demander
directement et principalement cette révocation même.
Voyons donc si cette demande est recevable.

On oppose, nous l'avons dit, l'article 959, et nous
reconnaissons qu'en effet, à s'en tenir à la lettre de
cet article, les donations entre futurs époux ne sont
pas révocables pour cause d'ingratitude. Mais il nous
paraît résulter, soit des motifs essentiels de cet article,
soit des traditions de la jurisprudence qu'on a voulu
reproduire, que les rédacteurs du Code Napoléon
n'ont pas compris ici dans les donations en faveur de
mariage les donations faites entre les futurs époux.

Pourquoi, en effet, l'article 959 excepte-t-il les

donations en faveur de mariage de la règle si morale qui déclare toute donation révocable pour cause d'ingratitude ? C'est parce que ces donations sont faites en faveur de la famille, des enfants de l'autre époux, aussi bien qu'en faveur du conjoint donataire, et qu'il ne serait pas juste de frapper toutes ces personnes, pour punir la faute d'une seule. Or ces motifs sont absolument inapplicables aux libéralités faites par l'un des époux à l'autre. La révocation contre l'époux ingrat profite à son conjoint, bien loin de lui nuire, et elle n'atteint pas non plus les enfants, si tant est qu'elle ne leur soit pas d'une grande utilité.

Aussi notre ancien droit avait-il consacré ces principes. Quelques auteurs, notamment Pothier [1], n'admettaient aucune exception à la règle qui déclare les donations révocables pour cause d'ingratitude. D'autres auteurs, au contraire, et avec eux la jurisprudence, exceptaient les donations faites *en faveur de mariage*. Mais ni ces auteurs ni la jurisprudence ne comprenaient parmi ces dernières les donations entre époux. Or, les explications données par les orateurs du gouvernement et du Tribunat, sur l'article 959, prouvent que les rédacteurs du Code Napoléon ont entendu s'en tenir aux traditions de la jurisprudence, et qu'ils ont employé ici les expressions *en faveur de mariage* dans le sens qu'elles avaient dans l'ancien droit [2].

La donation entre futurs époux par contrat de ma-

---

[1] *Traité des donations entre-vifs*, sect. III, art. III, § 3.
[2] Fenet.

riage est soumise au rapport, lorsqu'elle n'est pas
faite à titre de préciput.

Enfin, elle est sujette à réduction, mais elle jouit
de la même quotité disponible que les donations entre
époux.

*Règles particulières aux diverses espèces de dona-
tions.*

§ I. — *Des donations de biens présents.*

A l'exception des règles dérogatoires indiquées en
l'article précédent, les donations de biens présents faites
entre futurs époux dans leur contrat de mariage sont
soumises à tous les principes qui régissent ordinairement les donations entre-vifs. (Art. 1092 *in fine.*) Il
nous suffira donc de renvoyer à notre section première
combinée avec l'article qui précède.

Remarquons seulement que si ces donations ne
peuvent, en tant que donations de biens présents,
être subordonnées à des conditions dont l'exécution
dépendrait de la volonté du donateur (art. 944), elles
ne seraient pourtant pas viciées par l'apposition d'une
pareille condition. Seulement, elles sortiraient de la
classe des donations de biens présents pour entrer
dans celle des donations sous condition potestative de
la part du donateur. Or, il importe, comme nous le
verrons bientôt, de ne pas confondre ces deux espèces
de donations.

La première partie de l'article 1092 porte que les
donations de biens présents faites entre époux par con-

trat de mariage ne sont pas censées faites sous la
condition de survie du donataire, si cette condition
n'est formellement exprimée. Cette disposition était à
la rigueur inutile, puisque les donations ordinaires,
auxquelles ces donations sont formellement assimilées,
à la fin du même article, ne sont pas non plus subordonnées de plein droit à la condition de la survie du
donataire. Mais le législateur a cru devoir écarter
expressément l'ancien droit écrit, qui regardait toutes
les donations que se faisaient deux futurs époux, alors
mêmes qu'elles avaient pour objet des biens présents,
comme soumises à cette condition tacite, et reproduire
formellement le système des coutumes, afin de prévenir les doutes qu'aurait pu faire naître la diversité
des principes suivis, sur ce point, dans l'ancien droit.
Il est évident, au surplus, que la condition de survie,
suspensive ou résolutoire, ne ferait pas sortir la libéralité de la classe des donations de biens présents.

## § 2. — *Des donations de biens à venir.*

Les futurs époux peuvent, par contrat de mariage,
disposer, au profit l'un de l'autre, de tout ou partie
des biens qu'ils laisseront au jour de leur décès. (Articles 1082 et 1091 comb.)

En autorisant une pareille donation, le Code déroge, en considération du mariage, tout à la fois à la
règle donner et retenir ne vaut (art. 943), et à la prohibition des pactes sur succession future. (Art. 1130.)

Les anciennes coutumes germaniques permettaient
de faire un héritier par tradition symbolique ou par
contrat. Cet usage disparut sous l'influence du droit

romain, qui interdisait toute stipulation sur les successions non ouvertes, et les institutions d'héritiers
sortirent tellement des mœurs que le droit coutumier
les défendit, même dans les testaments. Toutefois,
l'institution contractuelle fut maintenue par la jurisprudence dans les contrats de mariage ', et elle reçut,
dans ce cas, la consécration de l'ordonnance de 1731.
Les rédacteurs du Code Napoléon ont proscrit, plus
absolument encore que ne le faisait le droit coutumier, toute institution d'héritier, et s'ils ont conservé
la donation de biens à venir dans le contrat de mariage, ils ont eu soin d'éviter l'expression d'institution
contractuelle. Il en résulte que c'est par les règles
générales des donations et non par celles des successions qu'il faudra suppléer aux règles spéciales de cette
manière de disposer.

Ainsi, cette donation peut porter sur une somme
fixe ou sur un objet déterminé, aussi bien qu'elle
peut comprendre une quote-part ou l'universa-
lité des biens que le donataire laissera à son décès.
Quelques auteurs sont d'un avis opposé. Selon eux,
l'article 1082, en permettant au donateur de disposer
de tout *ou partie* des biens qu'il laissera à son décès,
n'autorise, comme l'ancien droit, que la disposition
universelle ou à titre universel. Mais c'est évidem-

---

' Les auteurs des pays de droit écrit avaient imaginé, pour ne
pas trop s'écarter des principes du droit romain, de considérer
l'institution contractuelle comme une donation universelle entre-
vifs. Ils en concluaient que le donateur ne pouvait plus disposer
de ses biens, même à titre onéreux, si ce n'est en certains cas d'exception. Furgole s'est attaché (sur l'ordonnance de 1731, art. 13) à
faire ressortir les inconséquences de cette doctrine, qui n'a pas été
reproduite par le Code Napoléon.

ment aller contre le sens naturel des mots, et cela
d'autant plus arbitrairement que le Code se sert partout ailleurs de cette expression pour désigner indistinctement une disposition à titre universel ou une
disposition à titre particulier : « Le testament est
l'acte par lequel le donateur dispose, pour le temps
où il ne sera plus, de tout *ou partie* de ses biens... »
(art. 895 add. art. 1048, 1049. etc.), et que, lorsqu'il veut parler spécialement d'une disposition à titre
universel, ce sont les mots *une quote-part* des biens
qu'il emploie. (Art. 1010.) Du reste, l'article 947, en
dispensant purement et simplement les donations par
contrat de mariage de l'application de l'article 943,
c'est-à-dire de la règle que les donations entre-vifs ne
peuvent comprendre que les biens présents du donateur, permet implicitement toute espèce de donations
de biens à venir, et les articles 1082 et 1091 n'indiquent en aucune manière que le législateur ait eu
l'intention d'apporter une restriction à cette liberté.
J'ajoute que si, dans l'ancien droit, l'institution contractuelle ne pouvait se faire à titre particulier, c'est
précisément parce que c'était une institution d'héritier. Or, il ne s'agit plus d'institution d'héritier, mais
de donation de biens à venir, et il n'y a aucune
raison pour qu'une semblable donation ne puisse avoir
lieu à titre particulier.

Il peut se faire que les termes employés par les
parties laissent indécise la question de savoir si elles
ont eu en vue une donation de biens à venir ou une
donation de biens présents, avec réserve d'usufruit,
au profit du donateur. Il faudrait s'en tenir, en pareil

cas, à la donation de biens à venir, comme étant moins onéreuse pour le donateur que la donation de biens présents, puisque, dans le doute, les conventions doivent s'interpréter contre celui qui a stipulé et en faveur de celui qui a contracté l'obligation. (Arg. de l'art. 1162.)

Comme le fait observer M. Jaubert dans son rapport au Tribunat, il faut distinguer, dans la donation de biens à venir, le titre et l'émolument : le titre est irrévocable; quant à l'émolument, il ne sera connu qu'au décès du disposant.

Le titre est irrévocable, en ce sens que le donateur ne peut révoquer sa libéralité, et qu'il s'interdit de disposer désormais à titre gratuit des biens sur lesquels elle a porté, mais il conserve la faculté de les aliéner à titre onéreux. (Art. 1083.) La raison de cette différence se comprend aisément. En ne consentant à donner ces biens qu'autant qu'ils se trouveraient encore dans son patrimoine lors de son décès, le donateur a entendu conserver le droit de les administrer et même d'en disposer en bon père de famille. Mais il doit agir sans fraude : or, nous dit Pothier, il n'y a aucun soupçon de fraude, lorsqu'il les aliène à titre de vente ou autre titre de commerce; mais il y a fraude toutes les fois que l'instituant cherche à favoriser d'autres personnes au préjudice de l'héritier contractuel, par des donations qu'il leur ferait [1]. Encore en est-il autrement pour les libéralités qui ne

---

[1] Introduction au titre XVII *De la Coutume d'Orléans*, appendice, n° 26.

portent que sur des sommes modiques; qu'elles aient été faites à titre de récompense, pour œuvre pieuse ou pour toute autre cause, la loi y voit des actes de convenance auxquels le donataire ne peut être présumé avoir entendu renoncer. (Art. 1083 *in fine*.)

On s'est demandé si le donateur de biens à venir pourrait, dans sa disposition, rendre plus sévère la prohibition dont le frappe la loi, en s'interdisant lui-même, par une clause formelle, le droit de disposer à titre onéreux des biens dont le Code ne lui enlève que la disposition gratuite. Selon nous, une pareille convention serait nulle, en tant qu'elle s'appliquerait aux biens à venir, comme constituant une stipulation sur succession future, en dehors des termes des articles 1082 et 1083 : le donateur jouirait donc, nonobstant sa renonciation, du droit qui lui est réservé par ce dernier article ; mais elle serait valable, en ce qui touche les biens présents : il y aurait alors, suivant les circonstances, ou la donation unique de biens présents et à venir autorisée par l'article 1084, ou deux donations, l'une de la nue propriété des biens présents, l'autre de la pleine propriété des biens à venir.

On a soulevé, à un autre point de vue, la question de savoir si l'aliénation faite par le donateur moyennant une rente viagère était valable.

Pour la négative, on a dit que, le donataire ne retrouvant rien, dans la succession, du capital qui forme le prix des objets aliénés, ce pourrait être un moyen facile d'altérer les effets de la donation. Mais on a répondu, avec beaucoup de raison, que la loi ne défend au donateur que les dispositions à titre gratuit ; que l'aliénation à charge de rente viagère n'est pas, en principe, un acte à titre gratuit, et que, par conséquent, elle ne tombe pas sous la prohibition. Il s'agit, bien entendu, d'une vente réelle et sérieuse, intervenue de bonne foi : s'il y avait eu fraude, tout serait nul ; mais le donataire devrait établir la mauvaise foi, qui ne se présume jamais. (Art. 1116 et 2268.) Nous croyons que ces principes s'appliquent même à l'hypothèse prévue par l'article 918 du Code Napoléon.

La donation de biens à venir est irrévocable ; mais elle peu devenir caduque, et il en est ainsi lorsque l'époux donateur survit à son conjoint. (Art. 1089.) C'est que la donation de biens à venir est, en réalité la donation de la succession du donateur, et que le donataire ne peut recueillir cette succession qu'à la condition d'exister au moment de son ouverture. Nous verrons plus loin qu'il est même nécessaire qu'il soit capable de recevoir à titre gratuit, à cette époque.

Les effets de la donation de biens à venir, en la personne du donataire, doivent être considérés avant le décès du donateur, et après ce décès.

Le donataire acquiert, par le seul fait de la donation, un droit irrévocable, mais d'une nature toute spéciale. C'est un droit successif, dont l'ouverture est reportée, par conséquent, à l'ouverture même de la succession, mais qui existe en une certaine manière, dès à présent. On peut le comparer au droit des héritiers à réserve, qui ne peuvent pas non plus être dépouillés par des actes à titre gratuit ; mais la comparaison est imparfaite, car les héritiers réservataires peuvent se voir enlever, par une loi postérieure, l'expectative de la réserve que leur promet la législation actuelle; tandis qu'aucune loi ne pourrait, sans rétroactivité, dépouiller le donataire du droit dont il a été investi. Son droit est donc vraiment un droit *sui generis*.

De ce que le droit du donataire porte sur la succession du donateur et constitue un véritable droit successif, il résulte que le donataire ne peut ni le céder, ni y renoncer du vivant du donateur. (Art. 791, 1130 et 1600.) En vain prétendrait-on que ces articles, en prohibant tout pacte sur les successions futures, n'ont eu en vue que le droit imparfait des héritiers présomptifs et non un droit irrévocable comme celui du donataire de biens à venir. Si le droit du donataire de biens à venir est irrévocable, son existence efficace n'en est pas moins subordonnée au décès du donateur, et la convention qui porterait sur un pareil droit n'en serait pas moins inconvenante, dangereuse et immorale, comme contenant *votum mortis* de la part des parties contractantes.

Lors du décès du donateur, le droit du donataire cesse d'être une abstraction, pour devenir un droit utile. La propriété des biens donnés passe à l'instant même au donataire; il peut faire tomber les aliénations à titre gratuit qui lui portent préjudice; il peut céder son droit, il peut même y renoncer. On ne pourrait en effet, sur ce dernier point, lui opposer l'acceptation qu'il a faite dans son contrat de mariage : ce qu'il a accepté, ce n'est pas la succession du donateur, c'est le droit de venir à cette succession ; or un pareil droit contient toujours celui de renoncer à la succession.

L'institué jouissait, dans l'ancien droit, de la saisine héréditaire. Il ne saurait en être de même aujourd'hui. La saisine n'est accordée qu'aux héritiers réguliers et aux légataires universels, lorsqu'il n'y a pas d'héritiers à réserve (art. 724 et 1006) ; or le donataire de biens à venir n'est ni un héritier, ni un légataire universel. Il ne faut pas en conclure cependant qu'il soit assujetti, comme les légataires ordinaires, à la nécessité d'une demande en délivrance proprement dite. Aussi bien que la saisine, la demande en délivrance est en dehors du droit commun, et comme elle n'est imposée qu'aux légataires, on ne saurait, sans arbitraire, l'étendre aux donataires de biens à venir. Les héritiers succèdent de plein droit, par la saisine, à la possession même du défunt ; les légataires sont obligés de demander la délivrance de leurs legs, pour être admis à exercer les actions qui résultent de leurs droits et pour acquérir les fruits des biens qui leur appartiennent. Selon nous, la position du donataire de biens à venir est entre ces deux extrémités ; il ne possède pas les biens donnés, avant de les détenir, mais il a été investi de son droit par l'effet de la convention passée avec le défunt, et il n'a pas besoin, pour l'exercer, de recourir à ses héritiers.

Telle est la nature du droit du donataire de biens à venir. Quant à l'objet du droit, les développements qui précèdent ont suffisamment montré qu'il est variable et incertain jusqu'à la mort du donateur, et que c'est seulement à cette époque qu'il peut être connu.

Quand il s'agit d'une donation universelle ou à titre universel, il faut avoir égard, pour en déterminer l'émolument, non-seulement aux biens que laisse le donateur, mais aussi à ses dettes, en vertu du principe qu'il n'y a de biens que déduction faite des dettes, en sorte que le donataire supporte dans le passif une part correspondante à celle qu'il prend dans l'actif. (Art. 1085.) Mais comme il ne représente pas la personne du défunt, puisqu'il n'est point héritier, il ne doit les dettes que jusqu'à concurrence des biens qu'il recueille, et non, comme l'héritier, *ultra vires successionis.*

L'article 1093 dispose que la donation de biens à venir faite entre époux, par contrat de mariage, est soumise aux mêmes règles que celle qui leur est faite par des tiers, sauf qu'elle n'est point transmissible aux enfants issus du mariage, en cas de décès de l'époux donataire avant l'époux donateur.

La donation de biens à venir aurait mal rempli le but que s'est proposé le législateur, en l'autorisant dans le contrat de mariage, si les époux n'avaient pu être assurés de la transmettre à leurs enfants. Aussi le Code a-t-il dérogé en leur faveur au principe que, pour être capable de recevoir entre-vifs, il faut être conçu au moment de la disposition (art. 906); et lorsque la donation est faite à l'un des époux par un tiers, non-seulement l'article 1082 permet de l'étendre aux enfants et descendants à naître du mariage, dans le cas où le donateur survivrait à l'époux donataire, mais

cette substitution a même lieu de plein droit si le donateur n'exprime pas la volonté de restreindre l'effet
de la donation à la personne du futur époux.

Le même inconvénient ne se présente pas lorsque
la donation a lieu entre les futurs époux, puisque, en
cas de prédécès du donataire, les enfants sont appelés à recueillir les biens donnés, dans la succession du
donateur. C'est pourquoi l'article 1093 n'étend pas
à ce cas l'exception au droit commun introduite par
l'article 1082, et déclare que la donation *n'est pas
transmissible* aux enfants à naître du mariage en cas
de décès de l'époux donataire avant l'époux donateur.

Plusieurs auteurs donnent un autre sens à ces expressions. Selon eux, la donation de biens à venir
faite entre les futurs époux n'est pas, sans doute,
transmise de plein droit aux enfants à naître du mariage, mais il ne s'ensuit pas que le donateur ne
puisse, par une disposition expresse, étendre la donation à ses enfants, pour le cas où il mourrait avant
son conjoint.

L'avantage qui résulterait pour les enfants d'une
semblable disposition, toutes les fois que le donateur
aura disposé à titre gratuit des biens compris dans la
donation, ou (si la donation avait été faite à titre de
préciput) lorsqu'ils se trouveront dans sa succession
en concours avec des enfants d'un autre lit, est évident. Mais il s'agit de savoir si cette disposition est
permise; et c'est ce qu'il nous est impossible d'admettre. Le principe général est qu'on ne peut faire
de donation à une personne qui n'est pas encore con-
çue. (Art. 906.) L'article 1082 déroge à cette règle

pour les donations de biens à venir faites aux futurs
époux par des tiers. Ces donations peuvent être éten-
dues aux enfants à naître du mariage. L'article 1093
reproduit-il cette exception pour les donations faites
entre les futurs époux? Voilà toute la question. Or il
suffit de lire cet article pour se convaincre que non-
seulement il ne reproduit pas l'exception de l'article
1082, mais qu'il l'exclut en termes formels. Reste
donc la disposition du droit commun, disposition
prohibitive, à laquelle, par conséquent, les futurs
époux ne peuvent pas déroger dans leur contrat de
mariage (art. 1388), et par suite l'impossibilité pour
les futurs époux d'étendre leurs donations aux enfants
qui doivent naître de leur mariage.

Toutes les règles énoncées en l'article 1er de ce
chapitre s'appliquent aux donations de biens à venir.
Il ne s'élève de difficulté, en dehors de ces règles,
qu'au sujet de la transcription. Les donations de
biens à venir doivent-elles être transcrites, quand
elles ont pour objet des immeubles?

On pourrait le soutenir, en présence des termes
absolus de l'article 939. Cependant, on s'accorde
généralement pour reconnaître que cet article ne
s'applique qu'aux donations de biens présents. « La
transcription n'est applicable qu'aux donations qui
transmettent actuellement la propriété de la chose
donnée, » disait M. Tronchet, dans la discussion au
conseil d'État, et il demandait, à cause de cela, le
maintien de l'insinuation [1]. Beaucoup d'auteurs pré-

[1] Fenet, t. XII, p. 361.

tendaient même, dans l'ancien droit, que l'insinuation était étrangère aux donations de biens à venir.
Ceux qui étaient d'un avis différent, convenaient, du
moins, qu'il suffisait qu'elles fussent insinuées au
domicile du donateur : « Comme cette donation ne
comprend aucun corps certain, dit Pothier, l'insinuation du domicile suffit [1]. » Mais la transcription ne
comporte pas ce tempérament ; elle doit être faite
au bureau des hypothèques dans l'arrondissement
duquel les biens sont situés, et pas ailleurs ; en sorte
que, si elle était exigée dans les donations de biens à
venir, le donataire serait obligé de faire tout autant
de transcriptions que le donataire acquerrait d'immeubles jusqu'au moment de son décès, et de donner
mainlevée de ces transcriptions chaque fois qu'il lui
plairait de les aliéner à titre onéreux. On objectera
peut-être qu'il existe quelque chose de semblable pour
les hypothèques judiciaires, qui ne frappent les immeubles du débiteur, au fur et à mesure qu'ils entrent
dans son patrimoine, qu'à la condition d'être inscri-
tes au bureau voulu, pour chaque immeuble. Cela est
vrai ; mais aussi l'article 2148 nous dit que, pour ces
hypothèques, une seule inscription prise dans un bureau frappe tous les immeubles que le débiteur pourra
acquérir dans l'arrondissement de ce bureau. Or,
nous ne trouvons pas de disposition semblable sur la
transcription des donations de biens à venir, et c'est
une raison de plus pour conclure que le législateur
n'a pas entendu les soumettre à la nécessité de

---

[1] *Traité des donations entre-vifs*, sect. ii, art. 3, § 11.

la transcription. Ainsi, le donataire de biens à venir peut demander, lors de l'ouverture de la succession, la restitution des immeubles dont le donateur a disposé à titre gratuit, au mépris de ses droits, alors même que ces donations ont été transcrites, et que la sienne ne l'a pas été.

La loi du 23 mars 1855 est sans influence sur la question que nous venons d'examiner, puisqu'elle ne soumet à la transcription que les actes entre-vifs translatifs de propriété, et qu'elle laisse les dévolutions de succession en dehors de ses dispositions.

Les donations de biens à venir sont dispensées aussi de la formalité de l'état estimatif. Aux motifs que nous venons de donner, on peut ajouter que cet état devant être fait au moment de la donation ne pourrait jamais comprendre que les biens présents, et qu'ainsi il serait insuffisant, s'il n'était pas inutile.

### § 3. — *Des donations cumulatives de biens présents et à venir.*

La donation de biens à venir, beaucoup moins onéreuse pour le donateur que la donation de biens présents, puisqu'elle lui laisse l'administration, et, dans une certaine limite, la disposition de son patrimoine tout entier, offre au donataire moins de sécurité : il peut se faire qu'il ne lui reste, à la mort du donateur, qu'un vain titre, dépourvu de tout émolument. La loi, par une nouvelle faveur pour le mariage, a réuni les divers avantages que présentent ces deux sortes de libéralités dans une troisième espèce de donation, imaginée dans les pays coutumiers, et consacrée par l'ordonnance de 1731, la donation de biens présents et à venir. Les futurs époux peuvent donc se faire l'un à l'autre, comme ils peuvent recevoir des tiers, dans leur contrat de mariage, une donation comprenant à la fois des biens présents et des biens à venir. (Articles 1084 et 1091 comb.)

Cette donation n'est pas un simple assemblage de deux donations distinctes, ayant pour objet l'une les biens présents, l'autre les biens à venir du donateur, et soumises chacune à ses règles propres. C'est une disposition unique, d'une nature particulière, et qui porte tout à la fois sur les biens du donateur tels qu'ils existent actuellement, comme les donations ordinaires, et sur son patrimoine, tel qu'il se composera au jour de son décès, comme les donations de biens à venir.

Au reste, la donation de biens présents et à venir, ne diffère, à vrai dire, de la donation pure de biens à venir qu'en ce que le donataire a le choix, lors du décès du donateur, ou de prendre les biens existants à cette époque, comme s'il s'agissait d'une simple donation de biens à venir, ou de réclamer seulement ceux qui existaient au moment du contrat, en abandonnant le surplus. (Article 1084.) C'est donc en réalité une donation de biens à venir, contenant faculté pour le donataire de la transformer, lors du décès du donateur, en une donation de biens présents.

De cette définition, ressortent les principes qui régissent cette espèce de donation. C'est une donation de biens à venir sous condition résolutoire, et en même temps une donation de biens présents sous

condition suspensive. Mais comme la condition, à la
fois suspensive et résolutoire (qui est l'option du donataire), ne peut se réaliser qu'après la mort du donateur, jusqu'à cette époque, c'est une véritable donation de biens à venir. Il en résulte que, jusqu'à
la mort du donateur, la donation de biens présents
et à venir est soumise à toutes les règles propres à
la donation de biens à venir, et qu'elle produit tous
les effets d'une pareille donation.

A la mort du donateur, le donataire peut, comme
nous l'avons dit, accepter la libéralité comme donation de biens à venir, ou la convertir en donation de
biens présents.

Dans le premier cas, la donation reste ce qu'elle a
toujours été et continue à être régie par les mêmes
principes. Les aliénations à titre onéreux du défunt
sont respectées, le donataire prend les biens tels
qu'ils se trouvent et paye les dettes de la succession
(*intra vires*), intégralement, si la donation est universelle, et proportionnellement à l'actif qu'elle comprend, si elle est à titre universel.

Dans le second, par l'effet rétroactif attaché à
toute condition (art. 1170,) la donation de biens à venir
est censée n'avoir jamais existé et la libéralité avoir
été, dès le principe, une donation de biens présents. Le
donataire n'a jamais eu aucun droit sur les biens acquis par le donateur postérieurement à la disposition,
mais il est devenu, dès cette époque, propriétaire de
tous les biens présents qui y étaient compris. Toute
aliénation de ces biens consentie par le donateur,
même à titre onéreux, est nulle ; toutes les hypothè-

ques établies de son chef sont résolues, *resoluto jure dantis, resolvitur jus accipientis*. Enfin le donataire reste étranger aux dettes contractées par le défunt depuis la donation, tandis qu'il paye, dans la mesure que nous avons indiquée, celles qui existaient à cette époque, lorsque les biens présents lui ont été donnés à titre universel.

Mais pour que la donation de biens présents et à venir soit valable comme telle et puisse être convertie en donation de biens présents, il faut qu'outre les conditions requises pour la validité des donations de biens à venir, elle remplisse les conditions nécessaires pour la validité des donations de biens présents. Ainsi, elles doivent être accompagnées de l'état estimatif exigé par l'article 948 lorsque les biens présents comprennent des effets mobiliers, et elles doivent être transcrites lorsqu'ils renferment des immeubles.

En outre, l'article 1084 exige qu'il soit annexé au contrat de mariage un état des dettes et charges du donateur existantes au jour de la donation. Cette formalité, qui doit évidemment être restreinte au cas où les biens présents sont donnés à titre universel, est nécessaire pour fixer l'émolument de la donation par la comparaison de l'actif et du passif du donateur.

L'omission de cet état entraîne la nullité absolue de la donation comme donation de biens présents et à venir ; le manque d'état estimatif du mobilier la rend également nulle quant à ces objets. Le défaut de transcription, au contraire, ne la vicie pas radicalement ; mais le donataire ne peut s'en prévaloir, en ce qui concerne les immeubles, à l'encontre des tiers qui sont autorisés à invoquer l'omission de cette formalité.

Au surplus, il va de soi qu'une libéralité peut fort bien n'être pas valable comme donation de biens présents et à venir, c'est-à-dire ne pas remplir toutes les conditions requises pour être convertie en donation de biens présents, et être cependant parfaitement valable comme donation de biens à venir. Seulement, dans ce cas, le donataire doit l'accepter purement et simplement, ou la répudier de même. (Art. 1085.)

Les divers partis que peuvent prendre, suivant les circonstances, le donataire de biens à venir et le donataire de biens présents et avenir ne sont, du reste, subordonnés à l'accomplissement d'aucune formalité, et il résulte du principe que nous avons posé sur la contribution aux dettes qu'ils n'ont pas d'intérêt à recourir à l'acceptation sous bénéfice d'inventaire.

### § 4. — Des donations faites sous des conditions potestatives de la part du donateur.

Nous avons dit, en énumérant les règles des donations ordinaires, que la première condition de leur validité est qu'elles ne puissent ni directement ni indirectement être anéanties ou modifiées par le donateur. Il en résulte que toutes conditions potestatives de la part du donateur rendent la donation nulle. (Art. 944.) Et par conditions potestatives, il ne faut pas entendre ici seulement celles qui dépendent du caprice et de la fantaisie, et qui vicient tous les con-

trats, en détruisant toute obligation. (Art. 1174.)
L'ancienne règle *donner et retenir ne vaut*, reproduite
dans les articles 944 et suivants, a un tout autre sens.
Elle interdit toute condition dont l'arrivée est soumise, d'une manière quelconque, à la volonté du
donateur seul, toute charge dont l'étendue dépend de
son fait ultérieur.

Mais comme cette règle n'a d'autre cause que le
peu de faveur dont jouissent les donations ordinaires,
il était naturel d'en dispenser les donations par contrat de mariage, C'est le soin que prend immédiatement l'article 947, en déclarant que les articles 943
et suivants ne s'appliquent pas aux donations dont est
mention aux chapitres VIII et IX du même titre. Ainsi
les libéralités entre futurs époux, par contrat de mariage, peuvent être faites sous des conditions, non pas
purement potestatives de la part du donateur ; (l'article 1174, auquel il n'est pas dérogé en leur faveur,
s'y oppose), mais sous des conditions dont l'arrivée
sans dépendre absolument d'un *oui* ou d'un *non* de
sa part, est cependant subordonnée à sa volonté.
(Art. 1086),

Ainsi, la donation ordinaire est nulle lorsqu'elle est
faite « sous la condition d'acquitter d'autres dettes ou
charges que celles qui existaient à l'époque de la donation , ou qui seraient exprimées, soit dans l'acte de
donation, soit dans l'état qui devrait y être annexé ».
(Art. 945). Au contraire, la donation qui nous occupe
peut être faite « à condition de payer indistinctement
toutes les dettes et charges de la succession du donateur » (art. 1086), et le donataire est tenu, en pareil

cas, d'accomplir la condition, s'il n'aime mieux renoncer à la donation. (Art. 1086).

De même, dans les donations ordinaires, « en cas que le donateur se soit réservé la liberté de disposer d'un effet compris dans la donation, ou d'une somme fixe sur les biens donnés, s'il meurt sans en avoir disposé, ledit effet ou ladite somme appartient aux héritiers du donateur, nonobstant toutes clauses et stipulations à ce contraire ». (Art. 946.) Il en est autrement pour les donations par contrat de mariage : « En cas que le donateur se soit réservé la liberté de disposer d'un effet compris dans la donation de ses biens présents, ou d'une somme fixe à prendre sur ces mêmes biens, l'effet ou la somme, s'il meurt sans en avoir disposé, seront censés compris dans la donation, et appartiendront au donataire *ou à ses héritiers*. (Art. 1086 *in fine*).

L'article 1089 nous apprend que les donations sous condition potestative, aussi bien que les donations de biens à venir ou celles de biens présents et à venir deviennent caduques si le donateur survit à l'époux donataire (et à sa postérité, lorsque la donation s'adresse également aux enfants à naître du mariage). Comment expliquer alors les derniers mots de l'article 1086, qui attribuent les objets dont le donateur n'a pas disposé au donataire *ou à ses héritiers* ?

On a essayé de le faire en distinguant les donations sous condition suspensive et celles sous condition résolutoire. Pour les premières, on reconnaît qu'elles sont caduques au cas de prédécès du donataire, et que, par conséquent, ses héritiers ne recueillent pas l'objet donné ; mais on décide qu'il en est autrement pour les donations sous condition résolutoire. En effet, dit-on, il serait bien impossible qu'une semblable donation devînt caduque, c'est-à-dire qu'elle s'anéantît avant d'avoir pu produire son effet, puisque cet effet a été produit au moment même où elle est intervenue et que le donataire est devenu immédiatement propriétaire de la chose donnée. Ce qui pourrait arriver, c'est qu'elle fût résolue par l'accomplissement de la condition résolutoire ; mais à part cette éventualité, elle est à l'abri de tous les événements, et le prédécès du donataire n'aurait d'autre effet que de transmettre la propriété des biens donnés à ses héritiers, entre les mains desquels elle deviendrait irrévocable si le donateur mourait sans avoir accompli la condition résolutoire.

Cette décision n'a pas le mérite de justifier complétement la rédaction de l'article 1086, puisqu'elle laisse subsister le reproche fait au législateur toutes les fois que la réserve de disposer de l'objet est présentée comme condition suspensive : elle est de plus en opposition avec l'article 1089, qui déclare caduques par le prédécès du donataire toutes les donations autorisées par l'article 1086, sans faire aucune distinction.

Il faut donc reconnaître que l'article 1086 présente réellement une inexactitude de rédaction. C'est par une reproduction malheureuse de l'article 18 de l'ordonnance de 1731 que le mot *héritier* s'est glissé dans cet article. L'ordonnance ne soumettait pas les donations qui nous occupent à la caducité pour cause de prédécès, aussi pouvait-elle dire qu'en pareil cas

la donation était acquise aux héritiers du donataire ;
mais l'article 1089, en modifiant le système général
de la loi, aurait dù nécessairement entraîner une
modification dans les expressions de l'article 1086.

Et maintenant quels motifs ont pu déterminer le
législateur à s'écarter sur ce point de l'ancien droit ?
Il a considéré sans doute qu'une donation qui reste
incertaine jusqu'au décès du donateur, dont celui-ci
peut à son gré anéantir ou modifier les effets, n'est pas
une véritable donation de biens présents, qu'elle se
rapproche plutôt de la donation de biens à venir, en un
mot, que c'est une donation imparfaite, devant être
soumise à la caducité tant qu'il n'existe pas un droit
définitivement acquis.

Ainsi, lorsque la libéralité a été faite à charge de
payer tout ou partie des dettes de la succession du
donateur, ou lorsque celui-ci s'est réservé de disposer d'une somme comprise dans la donation, la disposition devient caduque par le prédécès du donataire, dans le premier cas pour le tout, dans le
second, jusqu'à concurrence de la somme indiquée,
parce qu'elle dépend, pour le tout ou jusqu'à concurrence de cette somme, de la volonté du donateur.

# CHAPITRE DEUXIÈME.

## DES DONATIONS ENTRE ÉPOUX.

Nous avons vu les donations entre époux permises et même favorisées à l'origine du droit romain, puis proscrites par la jurisprudence, enfin validées par le sénatus-consulte d'Alexandre Sévère et d'Antonin Caracalla, mais seulement dans le cas du prédécés du donateur.

Ces derniers principes de la législation romaine furent pleinement adoptés dans nos pays de droit écrit. La plupart des coutumes, au contraire, notamment celles de Paris (art. 282) et d'Orléans (art. 280), qui formaient le droit commun, reproduisirent le droit antérieur au sénatus-consulte et rejetèrent tous avantages directs ou indirects entre mari et femme, sauf le don mutuel ; plus sévères que la jurisprudence romaine, elles défendirent même les dispositions testamentaires. Aux motifs donnés par les jurisconsultes romains à l'appui de cette prohibition, il s'en joignait un autre, qui exerça une grande influence sur la législation de cette époque, la conservation des biens dans les familles. « La raison, dit Ferrières, pour laquelle nos coutumes se sont écartées des lois romaines, en défendant aux conjoints par mariage toute espèce d'avantages et donations, est fondée sur le soin et le désir de conserver les biens dans les familles[1]. »

[1] Art. 282, Cout. de Paris; gl. 1, n° 6.

Le législateur intermédiaire s'écarta à la fois des traditions du droit écrit et de celles du droit coutumier : non-seulement la loi du 17 nivôse an II permit les donations entre époux, mais elle les déclara irrévocables, comme les donations ordinaires.

Entre tous ces systèmes, les rédacteurs du Code Napoléon ont su choisir le meilleur et le perfectionner : ils ont permis les donations entre époux, mais ils les ont déclarées révocables au gré du disposant. Malheureusement, ils se sont contentés de poser le principe, sans en indiquer les conséquences, et leur silence a fait de cette matière une des plus obscures et des plus controversées de notre droit.

Nous y suppléerons de notre mieux, en examinant successivement les diverses espèces de donations que les époux peuvent se faire pendant le mariage, leur caractère, leur forme et leurs effets.

### § 1er. — *De leur caractère.*

Il importe de se fixer tout d'abord sur la nature et le caractère des donations entre époux, car les règles qu'on devra leur appliquer dépendent presque toutes du parti que l'on aura pris à cet égard. Le principe de la révocabilité au gré du disposant a-t-il fait de la donation entre époux un véritable legs ou du moins une donation à cause de mort, ou bien est-elle restée malgré cela une donation entre-vifs ? Telle est la question qu'il s'agit de résoudre.

Au dire de certains auteurs, ce qui constitue essentiellement la donation entre-vifs, c'est l'irrévocabilité, l'obligation où se trouve le donateur de respecter et de maintenir la libéralité qu'il a consentie. Or cet effet ne peut se produire dans la donation entre époux, puisqu'elle n'est confirmée que par la mort du donateur qui, jusqu'à cette époque, peut toujours la révoquer, sans avoir besoin d'alléguer aucun motif. Cette révocabilité, à l'instar de celle des testaments, est incompatible avec tout dessaisissement actuel. Il ne saurait donc être ici question de donations entre-vifs, mais de véritables donations à cause de mort, de libéralités qui, bien que consenties par contrat, ce qui les différencie des legs, doivent en suivre toutes les règles, notamment au point de vue de la capacité, de la réduction et de la caducité. Ces auteurs s'appuient aussi sur la première partie de l'article 1096 : « Toutes donations faites entre époux pendant le mariage, quoique qualifiées entre-vifs, seront toujours révocables. » Le Code indique bien, disent-ils, qu'il ne considère pas ces donations comme étant par elles-mêmes des actes entre-vifs, puisqu'il suppose que les parties leur donneront faussement cette qualification.

Cette opinion est généralement repoussée, et la plupart des auteurs enseignent que les donations entre époux sont de véritables donations entre-vifs. Leur raisonnement nous paraît en effet décisif.

Et d'abord, il n'est pas vrai de dire que l'irrévocabilité est de l'essence de la donation entre-vifs. Les donations faites par contrat de mariage, soit entre les futurs époux, soit à l'un d'eux par un tiers, peuvent fort bien n'être pas irrévocables, et cependant personne ne leur conteste la qualification de donations entre-vifs. Quant à l'article 1096, son but est d'exprimer que la donation entre époux est essentiellement révocable, et que les époux ne peuvent pas leur enlever ce caractère, en déclarant qu'ils entendent faire une donation entre-vifs ordinaire. Et d'ailleurs, que serait la donation entre époux, si ce n'était pas une donation entre-vifs? — Une donation à cause de mort? Mais l'article 893 déclare en termes formels qu'il n'y a plus de donation à cause de mort, qu'on ne peut disposer de ses biens à titre gratuit que par donation entre-vifs ou par testament. — Un legs?— Mais les legs ne se font que par testament, et la loi elle-même qualifie d'*acte entre-vifs* l'acte qui contient une disposition entre époux. (Art. 1097.) D'un autre côté, l'article 1091 dispense la donation entre époux de la révocation pour survenance d'enfants. A quoi bon cette dispense, s'il s'agissait d'un legs? Les legs sont-ils donc jamais révoqués pour cause de survenance d'enfant? Enfin, d'après l'article 912, toutes personnes peuvent disposer et recevoir, soit par donation entre-vifs, soit par testament, excepté celles que la loi en déclare incapables. Or aucune disposition législative n'a frappé les époux d'une pareille incapacité.

Nous pouvons donc poser comme un principe certain que les donations entre époux sont de véritables donations entre-vifs.

### § 2. — *De leur objet.*

Les époux peuvent se faire, pendant le mariage,

toutes les donations qui leur sont permises par contrat
de mariage. Ainsi ils peuvent se donner leurs biens
présents ou leurs biens à venir, ou cumulativement
leurs biens présents et à venir, enfin ils peuvent
subordonner leurs libéralités à des conditions potestatives de la part du donateur. Ces donations tombent
sous l'application des règles que nous avons précédemment posées, sauf les modifications résultant de
leur révocabilité. C'est ce que décide, avec la jurisprudence, la grande majorité des auteurs.

Mais cette solution est contestée par quelques
jurisconsultes qui raisonnent de la manière suivante :
si le législateur s'est relâché de la rigueur de ses principes pour les donations par contrat de mariage, c'est
qu'il a voulu faciliter les mariages et encourager les
citoyens à s'unir par des liens légitimes. Mais une
fois l'union contractée, de semblables motifs ne peuvent plus être allégués ; au contraire, il devient plus
indispensable que jamais de maintenir les moyens à
l'aide desquels on a cru devoir assurer la spontanéité
des dispositions à titre gratuit. C'est ce qu'ont fort
bien compris les rédacteurs du Code Napoléon. Lorsqu'il parlent, dans les chapitres VIII et IX, de diverses
donations privilégiées, ils supposent toujours qu'elles
ont lieu par contrat de mariage ; ils n'en parlent plus,
lorsqu'il s'agit de donations entre époux, et ils indiquent assez par là qu'ils entendent les laisser sous
l'empire des règles ordinaires. Qu'on ne dise pas que
précisément ces donations sont dispensées de l'application des règles ordinaires par l'article 947, qui
déclare que les articles 943 et suivants ne s'appli-

quent pas aux donations *dont est mention aux chapitres VIII et IX*. Cet article ne déroge pas par lui-
même aux principes auxquels il fait allusion ; il avertit
seulement que l'on trouvera, aux chapitres VIII et
IX, des donations conçues et réglementées en dehors
de ces principes ; or nous avons déjà dit qu'à cet endroit le Code ne présente comme telles que les donations faites par contrat de mariage. L'article 1096,
qui s'occupe des donations entre époux, déroge bien,
il est vrai, au principe de l'irrévocabilité des donations ; mais il ne déroge nullement à cet autre principe
qu'elles ne peuvent avoir pour objet que les biens
présents du donateur, et dès lors, on ne saurait les
faire porter sur des biens à venir sans violer l'article
943 du Code Napoléon.

Quelque spécieux que soient ces arguments, ils
n'ont pu prévaloir sur le texte formel de l'article 947.
Autre chose est de dire comme l'article 1140 (qui
d'ailleurs prononce ce renvoi par une raison toute
particulière) : « Les effets de l'obligation de donner
ou de livrer un immeuble sont réglés au titre de la
vente et au titre des priviléges et hypothèques, » ou
de dire, comme le fait l'article 947 : « Les quatre
articles précédents ne s'appliquent point aux donations
dont est mention aux chapitres VIII et IX du présent
titre. » On ne saurait voir un simple renvoi, un pur
avertissement, dans une disposition si formelle et,
pour ainsi dire, si législative. Il faut donc renonnaître
que l'article 947 dispense par lui-même de l'application des acticles 943 à 946 les donations mentionnées
aux chapitres qu'il indique, et par conséquent les

donations entre époux, aussi bien que les donations par contrat de mariage. Dès lors, il importe peu qu'il ait plu aux rédacteurs du Code d'appliquer spécialement et en détail aux donations par contrat de mariage l'exception introduite par l'article 947 : ils l'ont fait à l'exemple de l'ordonnance de 1731, qu'ils avaient sous les yeux, et l'eussent-ils fait spontanément, il est bien évident qu'ils n'auraient pu abroger l'article 947 uniquement en s'abstenant de le répéter.

Il n'est pas inutile d'ajouter à cet argument de texte que la révocabilité au gré du donateur est en opposition avec les principes contenus dans les articles 943 et suivants, qui se trouvaient ainsi presque naturellement abrogés. Cela est évident par les articles 944, 945 et 946, qui défendent d'apposer à une donation des charges ou des conditions permettant au donateur de l'anéantir ou de la modifier à son gré. Puisque l'époux peut révoquer *ad nutum* la donation qu'il a faite à son conjoint, à plus forte raison a-t-il le droit d'en subordonner l'existence à telle ou telle condition dépendante de sa volonté. Quant à l'article 943 : « la donation entre-vifs ne pourra comprendre que les biens présents du donateur... » il n'a pas trait directement à l'irrévocabilité, mais il n'y est pas non plus complétement étranger.

Pothier nous en fournira à la fois le motif et l'explication : « Comme on ne pouvait justement dépouiller les particuliers du droit que chacun a naturellement de disposer de ce qui est à lui, et par conséquent de donner entre-vifs, nos lois ont ugé à propos, en conservant aux particuliers ce droit, de mettre néan-

7

moins un frein qui leur en rendît l'exercice plus difficile. C'est pour cela qu'elles ont ordonné qu'aucun
ne pût valablement donner, qu'il ne se dessaisît dès
le temps de la donation de la chose donnée et qu'il ne
se privât pour toujours de la faculté d'en disposer, afin
que l'attache naturelle qu'on a à ce qu'on possède et
l'éloignement qu'on a pour le dépouillement détournas-
sent les particuliers de donner [1]. » Ainsi le dessaisissement actuel n'a d'importance, dans les donations ordinaires, que parce qu'il est en même temps irrévocable,
comme le principe de l'irrévocabilité est lui-même
sanctionné par la nécessité du dessaisissement actuel :
ce sont, pour ainsi dire, les deux termes de la règle
donner et retenir ne vaut ; et l'un venant à manquer
dans les donations entre époux, la règle elle-même
tombait et il était naturel d'en supprimer l'autre
terme.

### § 3. — De leurs effets.

L'époux donataire est, par l'effet immédiat de la
convention, saisi, c'est-à-dire légalement investi, du
droit que l'acte de donation lui confère. Ce droit
varie avec les différentes espèces de donations ; mais,
excepté qu'il est toujours révocable, il est le même
que celui qui résulterait de la même donation, si elle
était faite entre futurs époux.

Ainsi, lorsqu'il s'agit d'une donation de biens présents, le donataire devient immédiatement propriétaire des biens donnés, il en a la jouissance et en

[1] *Traité des donations entre-vifs*, sect. II, art. 11.

perçoit les fruits. Ces biens ne sont pas soumis à l'action des créanciers chirographaires de l'époux donateur et ne passent pas sous l'affectation des hypothèques légales ou judiciaires, qui ne seraient devenues efficaces que depuis la transcription de la donation.

La donation des biens à venir, qui se rapproche déjà des dispositions à cause de mort lorsqu'elle a lieu par contrat de mariage, paraît presque se confondre avec elle, lorsqu'elle est faite pendant le mariage. Le droit du donataire est alors subordonné au prédécès de son conjoint, il est susceptible d'être révoqué et, même indépendamment de toute révocation, il demeure sans effet lorsque le donateur ne laisse pas de biens auxquels il puisse s'appliquer. N'y a-t-il pas là tous les caractères des dispositions à cause de mort? C'est certainement le contrat qui y ressemble le plus; mais il en diffère encore essentiellement par cela même que c'est un contrat et que le donataire est saisi de son droit (droit révocable, il est vrai) par le fait même de la convention, tandis que le légataire n'acquiert jamais le sien qu'à la mort du testateur.

Au premier abord, il semble que la donation cumulative de biens présents et à venir soit inadmissible pendant le mariage. En effet, son principal avantage est de permettre au donataire qui renonce aux biens à venir de critiquer l'aliénation des biens présents et de faire tomber les charges dont ils ont été grevés par le donateur postérieurement à la donation. Or ce droit ne saurait être accordé à l'époux dona-

taire, qui doit respecter la révocation expresse ou
tacite que le donateur a pu faire de sa libéralité. —
Cela sera vrai toutes les fois que la modification des
biens donnés émanera directement du donateur et
impliquera un changement de volonté de sa part.
Mais si ce n'est que la conséquence d'hypothèques
légales ou judiciaires ou de saisies pratiquées par
ses créanciers, le droit du donataire subsistera et il
pourra l'exercer, s'il a eu soin d'observer les formalités ordinaires, c'est-à dire l'état des dettes présentes,
la transcription pour les immeubles et l'état estimatif
du mobilier. De plus, il peut se faire que les biens
présents n'aient point été aliénés, ni grevés de droits
réels, mais que le donateur ait contracté plus de
dettes, depuis la donation, qu'il n'a acquis de biens.
Dans ce cas encore, le donataire aurait intérêt à convertir la disposition en donation de biens présents.

Quant aux donations sous conditions potestatives
de la part du donateur, elles auront également leur
utilité. Par exemple, le donataire pourra s'obliger à
payer tout ou partie des dettes futures de son conjoint, et il devra exécuter cette obligation s'il n'aime
mieux renoncer à la libéralité, tandis que, dans une
donation de biens présents ordinaire, il n'aurait été
tenu d'aucune des dettes futures du donateur.

### § 4. — De leur révocabilité.

Les donations entre époux sont essentiellement
révocables au gré du donateur, alors même qu'elles
portent exclusivement sur des biens présents. Toute
clause par laquelle le disposant renoncerait à la fa-

culté de révoquer sa libéralité devrait être considérée comme non avenue. (Art. 1096, al. 1.)

Comme les donations entre futurs époux, elles ne sont pas révoquées pour cause de survenance d'enfants. (Art. 1096, al. 3.) Nous avons vu en commençant les motifs de cette règle et dans quelle mesure elle doit être entendue.

Enfin elles sont révocables, dans les termes du droit commun, pour inexécution des conditions et pour ingratitude du donataire. L'article 959, qui affranchit les donations *en faveur du mariage* de cette dernière cause de révocation, n'est évidemment pas applicable ici, car les donations qui ont lieu pendant le mariage n'interviennent pas pour aider à le contracter. Mais quelle utilité ces deux causes de révocation présenteront elles pour le donateur, puisqu'il est toujours libre de révoquer à sa fantaisie ? La révocation pour cause déterminée sera avantageuse au donateur lui même, toutes les fois que, légalement parlant, il se trouvera hors d'état d'avoir une volonté propre, en cas d'interdiction, par exemple ; en outre, elle profitera à ses héritiers qnand l'action ne se sera point éteinte en sa personne, car le droit de révocation absolue est exclusivement personnel au donateur et ne passe pas à ses héritiers.

Le Code ne dit pas de quelle manière pourra s'accomplir la révocation par la simple volonté du donateur. Quelques auteurs en concluaient, avant la loi de 1843, que le point de savoir si telle ou telle circonstance manifestant suffisamment l'intention de révoquer était une simple question de fait, abandonnée à l'interprétation souveraine des tribunaux : qu'ainsi la révocation pouvait avoir lieu par une simple déclaration du donateur contenue dans un acte sous signature privée. Mais la doctrine commune était déjà, à cette époque, qu'on doit appliquer ici, les règles établies pour la révocation des testaments; qu'en effet, il est impossible d'admettre qu'une dotation entre-vifs, un acte qui a saisi immédiatement le bénéficiaire et lui a conféré la propriété des biens, puisse se révoquer plus facilement qu'un testament lui-même, et dire que toutes circonstances autres que telles et telles n'auront pas la force de révoquer un simple testament, c'est dire, sinon *a fortiori*, du moins *a pari*, qu'elles n'auront pas la force de révoquer une donation. Cette doctrine a évidemment été sanctionnée par la loi du 21 juin 1843, qui assimile les actes notariés contenant révocation de donation aux actes notariés contenant révocation de testament, et soumet les uns et les autres à des formalités plus solennelles que celles qui sont requises pour les actes notariés en général. On doit donc tenir pour certain que la révocation expresse des donations entre époux ne peut avoir lieu que par testament ou par acte notarié, reçu conformément aux dispositions de l'article 2 de la loi du 21 juin 1843 (art. 1035) et que, pour déterminer les faits ou les actes d'où résulte la révocation tacite, il faut suivre des règles analogues à celles qui sont posées sur la révocation tacite des testaments.

Ainsi une donation entre époux est révoquée par une donation entre-vifs ou un testament faits postérieurement et contenant des dispositions contraires.

(Art. 1036). De même l'aliénation totale ou partielle des biens donnés faite ultérieurement par l'époux donateur, soit à titre gratuit, soit à titre onéreux, emporte révocation de la donation pour tout ce qui a été aliéné, encore que l'aliénation soit nulle, que le donateur se soit réservé la faculté de reprendre l'objet qu'il aliénait, et qu'il en ait même recouvré la propriété. (Art. 1038). Il n'en serait autrement que si cette aliénation était annulée pour une cause qui, comme la violence faite au consentement du donateur, démontrât bien qu'elle avait été contraire à sa volonté.

L'établissement par le donateur de droits d'usufruit ou de servitude sur les biens donnés aurait également pour résultat de restreindre la donation dans la limite de ces droits. Mais la constitution d'hypothèque n'entraînerait ni la révocation totale, ni même la réduction de la libéralité ; elle donnerait seulement lieu à l'application, par analogie, des dispositions de l'article 1020. Les héritiers ne seraient point tenus de dégager l'immeuble hypothéqué ; mais comme la constitution d'hypothèque n'implique nullement chez le donateur l'intention de mettre définitivement la dette à la charge du donataire, si celui-ci était obligé de l'acquitter, sur la poursuite du créancier hypothécaire, il aurait recours contre les héritiers du donateur, il jouirait même, à cet effet, de la subrogation légale. (Art. 874 et 1251, 3). A plus forte raison, la révocation ne résulte-t-elle pas des dettes contractées par le donateur et à raison desquelles il n'a pas conféré de sûretés spéciales sur les biens donnés.

La femme peut révoquer la donation qu'elle a faite à son mari sans y être autorisée par ce dernier ou par justice. (Art. 1096, al. 2). C'est aussi pour assurer à la faculté de révoquer toutes les garanties possibles d'indépendance que la loi défend aux époux de se faire aucune donation mutuelle et réciproque par un seul et même acte (art. 1097), et qu'elle prononce la nullité des donations déguisées ou faites à personnes interposées. (Art. 1099).

L'effet de la révocation opérée par la volonté du donateur est de faire rentrer dans son patrimoine les biens donnés, libres de toutes charges et hypothèques du chef du donataire, conformément à la règle du droit commun : *Nemo plus juris in alium transferre potest quam ipse habet ; resoluto jure dantis, resolvitur jus accipientis.* S'il en est autrement, en cas de révocation pour cause d'ingratitude, c'est une exception que l'on ne saurait étendre et qui a d'ailleurs sa raison d'être : il s'agit d'une peine qui ne doit frapper que le coupable et ne pas atteindre des tiers qui n'ont pu prévoir cette cause de révocation. Au contraire, la révocabilité est dans la nature même des donations entre époux; les tiers qui n'en ont pas tenu compte ont commis une grave imprudence et doivent en supporter les conséquences. Au reste, il suffit de rappeler que la révocation est, avant tout, une garantie donnée au donateur contre la captation, pour montrer combien il est important de ne pas le laisser sans action contre les tiers détenteurs.

Les donations entre époux sont-elles résolues, in-

dépendamment de toute révocation par le prédécès
du donataire?

La solution affirmative ne fait aucun doute pour les
donations de biens à venir, pour celles de biens présents et à venir et pour les donations sous conditions
potestatives de la part du donateur. Toutes ces donations deviennent caduques, en pareil cas, lorsqu'elles
ont eu lieu par contrat de mariage; or, s'il en est
ainsi quand elles sont irrévocables en principe, comment en serait-il autrement quand elles sont essentiellement révocables?

La question est, au contraire, vivement controversée
en ce qui touche la donation de biens présents, et tandis que la majorité des auteurs tient pour l'affirmative,
la jurisprudence se joint aux autres commentateurs pour
soutenir la négative. Ce n'est pas sans beaucoup d'hé-
sitation que nous avons pris un parti dans ce difficile
débat, et nous allons exposer les raisons qui nous ont
décidé à adopter le système de la majorité des auteurs.

Mais il faut préciser d'abord l'intérêt de la question. Le droit de révocation accordé par la loi à l'é-
poux donateur est un droit absolu, qui n'est limité
par aucun délai, comme il n'est subordonné à aucune
condition. Il ne passe pas aux héritiers du donateur, parce que c'est un droit personnel, mais le donateur lui même le conserve et peut l'exercer toute sa
vie. Aussi tous les auteurs qui n'admettent pas que la
donation soit révoquée par le prédécès du donataire,
accordent-ils sans difficulté que le donateur peut le
révoquer, même après le décès de son conjoint,
contre les héritiers de ce dernier. La question ne

présente donc réellement d'intérêt que pour le cas où le donateur serait, par une cause ou par une autre (pour cause d'interdiction, par exemple), dans l'impossibilité d'exercer son droit de révocation.

Voici l'argument le plus sérieux que l'on puisse invoquer pour soutenir que les donations de biens présents entre époux ne deviennent pas caduques par le prédécès du donataire : c'est que cette caducité (on est bien obligé de le reconnaître) n'est établie directement par aucun texte de loi, et que les inductions que l'on prétend tirer de certains articles sont insuffisantes à établir une règle qui n'est pas en rapport avec les principes de la matière.

En effet, dit-on, nous sommes loin du système du droit romain sur les donations entre époux. On exigeait alors que l'époux donataire survécût à son conjoint ; mais pourquoi ? parce que la donation était nulle jusqu'à la mort du donateur, qu'elle se formait seulement à cette époque, et qu'il fallait bien que les parties fussent capables au moment de sa formation. Aujourd'hui, au contraire, la donation entre époux est valable *ab initio*, elle produit immédiatement son effet ; c'est donc au moment où elle est faite, que la capacité des parties est nécessaire, et il importe peu que le donataire soit décédé ou qu'il soit incapable de recevoir à la mort du donateur. Tout au moins, une règle aussi arbitraire devrait-elle être établie par un texte formel.

Nous ne prétendons pas méconnaître la force de cette argumentation : il nous paraît, toutefois, que cette règle arbitraire est celle du législateur, et que sa volonté, à cet égard est suffisamment manifestée pour qu'il ne soit pas possible de n'en point tenir compte.

D'abord, l'article 1089 est absolument inexplicable, si l'on n'admet pas que la caducité des donations par le prédécès du donataire soit la conséquence de leur révocabilité. On a prétendu que « la question de savoir si cette donation faite entre époux devient ou non caduque par le prédécès de l'époux donataire, doit se résoudre, non par la révocabilité ou son irrévocabilité, mais uniquement d'après la nature des biens qui en forment l'objet [1]. » Mais est-ce que l'article 1089 considère la nature des biens quand il déclare caduques, par le prédécès du donataire, les donations faites dans les termes de l'article 1086, c'est-à-dire les donations sous condition potestative de la part du donateur? Est-ce qu'il s'agit, en pareil cas, de biens à venir ou de biens présents et à venir? Nullement, il s'agit de biens présents, de donations qui ne diffèrent des donations ordinaires qu'en ce qu'elles peuvent être révoquées par le donateur, et leur révocabilité est le seul motif que l'on puisse assigner à leur caducité. Or, si les donations sous condition potestative, qui ne sont révocables que d'une manière relative, sont caduques, à cause de cette révocabilité, par le prédécès du donataire, comment en serait-il différemment des donations entre époux, qui sont révocables *ad nutum donatoris*.

Aussi l'article 1092 nous révèle-t-il clairement que

[1] MM. Aubry et Rau, § 741, note 19.

l'intention du législateur a été de les soumettre à cette caducité. « Toute donation entre-vifs de biens présents, faite entre époux *par contrat de mariage*, ne sera point censée faite sous la condition de survie du donataire, si cette condition n'est formellement exprimée. » Qu'est-ce à dire, sinon que cette donation est faite sous la condition de survie du donataire, quand elle a lieu pendant le mariage? Autrement, quelle nécessité de dispenser la donation de biens présents entre époux, *par contrat de mariage* d'une cause de caducité qui n'existerait pour aucune donation de biens présents, même entre époux? S'il n'y avait pas de règle, à quoi bon l'exception? L'argument nous semble irrésistible; voyons ce qu'on y a répondu.

On a dit d'abord que l'article 1092 avait pour but d'écarter expressément l'ancien droit. Mais ce n'est pas une réponse, et l'argument subsiste dans toute sa force. Sans doute, l'ancien droit écrit déclarait caduques, en cas de prédécès du donataire, toutes les donations de biens présents entre époux, celles qui étaient faites par contrat de mariage, aussi bien que celles qui avaient lieu pendant le mariage. Mais encore une fois, pourquoi aurait-on fait une exception à cette règle, si elle avait cessé d'exister? Dira-t-on que les rédacteurs du Code avaient l'intention de l'abroger en entier, et qu'ils ont oublié de l'écarter expressément en ce qui touche les donations faites pendant le mariage, dans l'article 1096, comme ils l'avaient fait pour les donations par contrat de mariage, dans l'article 1092? Une pareille supposition est-elle bien naturelle? Est-il permis de prêter au législateur,

outre une légèreté impardonnable, la singulière idée
de consacrer deux articles à abroger une seule règle
de l'ancien droit, tandis qu'ils en ont accordé un si
petit nombre, dans la matière qui nous occupe, à l'é-
dification du nouveau ? Assurément, il vaut mieux
reconnaître que, s'il n'a dérogé qu'en un seul point
au principe de l'ancien droit, c'est qu'il a entendu le
maintenir quant au surplus, et que l'article 1092 con-
sacre la règle, en même temps qu'il établit l'exception.

Une autre explication consiste à soutenir que l'article 1092 a pour but de prévenir l'assimilation qui
aurait pu être faite des donations de biens présents
entre époux, par contrat de mariage, aux autres espèces de donations que les époux peuvent se faire
dans leur contrat de mariage. Mais la même assimilation pouvait être faite entre les diverses espèces de
donations qu'il est permis aux époux de recevoir des
tiers, dans leur contrat de mariage. L'article 1081
s'est borné cependant à poser le principe que reproduit la seconde partie de l'article 1092 ; si ce dernier
article y ajoute une autre idée, ce ne peut donc être
que dans une intention différente.

Au reste, la règle que nous venons d'établir n'a
rien qui doive nous surprendre. Les rédacteurs du
Code Napoléon ont pris pour point de départ le système du droit romain : or, ce système, dégagé de ses
subtilités et des traditions d'un droit plus rigoureux,
devait produire nécessairement, pour la donation entre futurs époux, la validité pure et simple, et pour les

donations entre époux, la validité unie à la révocabilité et à la caducité par le prédécès du donataire.

### § 4. — De la capacité des parties.

C'est toujours d'après les principes des donations entre-vifs qu'il faut décider les questions relatives à la capacité du donateur et du donataire. Ainsi l'époux mineur, parvenu à l'âge de seize ans, ne pouvant disposer d'une partie de ses biens que par testament (article 904), et n'étant relevé de cette incapacité que pour les donations par contrat de mariage (art. 1095), est incapable de faire aucune donation à son conjoint, aussi bien qu'à un étranger.

On s'est demandé si la femme mariée sous le régime dotal pouvait donner, pendant le mariage, ses immeubles dotaux à son mari.

En ce qui touche la donation de biens à venir, cette question se rattache à celle de savoir si les immeubles dotaux peuvent être compris dans une institution contractuelle faite au profit d'un étranger. On décide généralement que cette libéralité tombe sous la prohibition de l'article 1554, comme apportant à l'exercice du droit de propriété une restriction que ne comporte pas le but que s'est proposé le législateur en écrivant cet article. En effet, la femme mariée sous le régime dotal, ne saurait comprendre ses immeubles dotaux dans une donation de biens à venir, sans renoncer par là même au droit qui lui est accordé par la loi, sous certaines conditions, d'employer ces mêmes biens à l'établissement de ses en-

fants. Et comme l'inaliénabilité des immeubles dotaux
a été établie tout aussi bien dans l'intérêt des enfants
que dans celui de la femme, ce serait aller directement contre l'esprit de la loi, que de lui permettre de
se dépouiller de ce droit.

La question est plus douteuse, lorsque la donation de biens à venir s'adresse au mari. On
pourrait soutenir que cette donation étant essentiellement révocable, comme toutes celles qui
ont eu lieu entre époux, et n'empêchant pas
que les biens donnés ne puissent être l'objet d'une
donation ultérieure qui révoquerait elle-même
nécessairement la première, ne cause aucun préjudice aux enfants, et qu'ainsi, elle devrait être permise
alors même qu'on interdirait la donation de biens à
venir au profit d'un étranger. Mais cet argument
tombe devant cette considération, que la femme ne
peut disposer de ses immeubles dotaux pour établir
ses enfants qu'avec l'autorisation de son mari; que
cette autorisation ne peut même pas être remplacée
par celle de la justice, lorsqu'il s'agit de l'établissement de leurs enfants communs (arg. des art. 1555
et 1556 comb.); et qu'il serait fort à craindre que le
mari ne se prêtât pas volontiers ou qu'il ne se refusât
même absolument à autoriser une donation qui aurait
pour effet de révoquer celle qui lui aurait été faite.
Nous sommes donc conduits, par le même motif que
tout à l'heure, à prohiber même la donation de biens
à venir qui s'adresse au mari. A plus forte raison, en
est-il ainsi de la donation de biens présents, qui est,
du reste, formellement interdite par l'article 1554,

puisqu'elle constitue, même lorsqu'elle a lieu entre époux, une véritable aliénation.

A quelle époque doit-on se placer pour apprécier la capacité des deux parties? Lorsqu'il s'agit d'une donation de biens présents, il faut exclusivement s'attacher à l'époque de la confection de la donation; puisque c'est à cette époque que le donateur se dépouille, et que le donataire acquiert les droits réels ou personnels qui résultent de la libéralité. Les circonstances ultérieures qui pourraient priver l'une d'elles du droit de donner ou de recevoir à titre gratuit, n'auraient aucun effet sur un acte consommé. Par exemple, la condamnation à une peine afflictive perpétuelle, qui entraîne la nullité de tout testament antérieur, laisserait subsister la donation consentie auparavant par le condamné au profit de son conjoint. (Arg. *a contrario* de la loi du 3 juin 1854, art. 3.)

Pour les donations de biens à venir, la capacité du donateur n'est encore requise qu'au moment de l'acte, mais le donataire doit être capable, et au jour de la donation, puisqu'il acquiert dès ce moment un certain droit, et au jour du décès du donateur, puisque ce n'est qu'à cette époque qu'il devient propriétaire de biens donnés. Ces principes s'appliquent, du reste, aux donations de contrat de mariage, aussi bien qu'à celles qui ont lieu postérieurement à la célébration du mariage.

### § 5. — *De leur forme.*

Les donations entre époux sont soumises, quant à la forme, à toutes les règles ordinaires des donations entre-vifs. Elles ne sont pas même dispensées, comme les donations par contrat de mariage, de la nécessité de l'acceptation expresse. (*Arg. a contrario* de l'article 1087.)

Lorsqu'elles portent sur des immeubles présents, elles ne deviennent efficaces, à l'égard des tiers, que par la transcription des actes qui les renferment. Ce que nous avons dit plus haut suffit pour faire comprendre que la transcription est utile nonobstant leur révocabilité.

Lorsqu'elles ont pour objet tout ou partie du mobilier présent du donateur, elles ne sont valables que pour les effets dont un état estimatif a été annexé à l'acte de donation.

Ces deux dernières formalités s'appliquent aux donations cumulatives de biens présents et à venir, en tant du moins que le donataire voudrait opter pour les biens présents.

Par exception aux règles ordinaires, les époux ne peuvent se faire pendant le mariage, fût-ce sous la forme de donation entre-vifs, aucune disposition mutuelle ou réciproque par un seul et même acte. (Art. 1097.) Le législateur a cru nécessaire d'étendre aux donations entre époux ce principe, établi déjà pour les testaments par l'article 968, afin d'éviter que les époux ne considérassent un pareil acte comme une sorte d'acte à titre onéreux, dont les dispositions seraient la conséquence l'une de l'autre, et ne fussent ainsi gênés dans l'exercice de leur droit de révocation. Mais rien n'empêche qu'ils ne se gratifient réciproquement par des actes séparés, quoique passés immédiatement à la suite l'un de l'autre devant les mêmes notaires et les mêmes témoins.

---

## CHAPITRE TROISIÈME.

### DE LA QUOTITÉ DISPONIBLE ENTRE ÉPOUX.

### SECTION I.

#### DE LA QUOTITÉ DISPONIBLE CONSIDÉRÉE EN ELLE-MÊME.

Après avoir posé les règles des donations entre époux, le législateur avait à déterminer dans quelles limites elles seraient permises. Voici qu'elles sont les bases de ses dispositions à cet égard :

1° Aucune modification n'est apportée aux principes ordinaires de la réserve, quant aux personnes au profit desquelles existe cette réserve. Ainsi l'époux qui n'a ni ascendant ni descendant peut disposer, au profit de son conjoint, aussi bien qu'au profit d'un étranger, de la totalité de ses biens.

2° L'article 1094 prévoit d'abord l'hypothèse où le donateur laisse des héritiers réservataires autres que des descendants.

3° Il s'occupe ensuite de celle où il laisse des enfants issus de son mariage avec le donataire.

4° Enfin l'article 1098 prévoit le cas où le donateur aurait des enfants d'un mariage antérieur.

Avant d'examiner ces diverses hypothèses, nous ferons deux observations : la première est que la quotité disponible est la même pour les donations par contrat de mariage et pour les dispositions entre-

vifs ou testamentaires faites pendant le mariage ; la
seconde, que si l'époux mineur ne peut faire aucune
donation à son conjoint pendant le mariage, il peut
disposer à son profit, par testament, de la moitié des
biens qu'il pourrait lui léguer s'il était majeur. (Art.
903.)

§ 1er. — *De la quotité disponible entre époux lors-*
*que le donateur a des ascendants pour héritiers.*

Lorsque le défunt laisse pour héritiers à réserve
des ascendants, la quotité disponible entre époux est
plus forte que la quotité disponible générale. Celle-ci
est réglée en ces termes par l'article 915 : « Les libéralités par actes entre-vifs ou par testament ne pourront excéder la moitié des biens, si, à défaut d'enfant,
le défunt laisse un ou plusieurs ascendants dans chacune des lignes paternelle et maternelle , et les trois
quarts, s'il ne laisse d'ascendants que dans une ligne. »
Et l'article 1094 « autorise l'époux à disposer en pareil cas, au profit de son conjoint, en propriété, de tout
ce dont il pourrait disposer en faveur d'un étranger, et
en outre, de l'usufruit de la portion dont la loi prohibe
la disposition au préjudice des héritiers. »

Cette disposition est presque unanimement criti-
quée. Il est évident que donner aux ascendants une
pareille réserve, c'est en réalité la donner à leurs héritiers. Cette objection n'a pas échappé aux rédacteurs du Code, et M. Jaubert, dans son rapport au
tribunal se la fait à lui-même. « Mais, répond-il, c'est
la faveur du mariage. Pourquoi la mort d'un des
époux changerait-elle la position de l'autre, surtout

pour des droits qui ne sont ouverts que par l'interver-
sion du cours de la nature[1]?» Nous demandons à
notre tour pourquoi elle change la position de l'ascendant, pourquoi, en lui enlevant le secours de son
enfant, elle lui fait perdre le droit de demander celui
de son gendre ou de sa bru (art. 206), et ne lui donne
cependant qu'une nue propriété inutile. Sans doute
l'époux survivant se fera le plus souvent un devoir de
subvenir à ses besoins, mais convenait-il d'abandonner l'ascendant à sa générosité? « Les devoirs de paternité sont personnels, a dit fort bien un orateur du
gouvernement, sur la dernière par⋅ de cet article, et
l'époux donateur y manquerait, s'il les confiait à un
autre[2]. » Il est regrettable que le législateur n'ait
pas songé que les devoirs des enfants sont personnels
aussi, et qu'ils doivent, encore plus que ceux des parents, être sanctionnés par la loi.

§ 2. — *De la quotité disponible entre époux lorsqu'ils
ont des enfants communs.*

L'époux qui laisse des enfants ou descendants peut
donner à son conjoint « ou un quart en propriété et
un autre quart en usufruit, ou la moitié de tous ses
biens en usufruit seulement. » (Art. 1094 *in fine.*)

On ne comprend pas trop, au premier abord, cette
alternative, dont le second membre est compris dans
le premier, et se trouve plus étroit que lui. Si je
puis donner un quart en propriété et un quart en
usufruit, il est bien évident que je puis *a fortiori*

---

[1] Fenet, t. XII, p. 621.
[2] *Ibid.*, p. 572.

donner la moitié en usufruit seulement. Aussi ces expressions ont-elles un autre sens. Elles signifient que
l'époux ne peut donner à son conjoint que la moitié
de ses biens en usufruit, quoiqu'il puisse lui faire une
donation d'une plus grande valeur, en disposant à son
profit de la propriété de ses biens.

Cette disposition est l'application d'une théorie qui,
dans le projet du Code, était générale. L'article 17
de ce projet fixait, pour les dispositions d'usufruit, une
quotité entièrement calquée sur celle de la propriété
même, en sorte que celui qui ne pouvait donner
qu'un tiers ou un quart de propriété, ne pouvait donner également qu'un tiers ou un quart d'usufruit pur.
Mais lors de la discussion au Conseil d'État, la section de législation trouva ce système trop sévère, et
la disposition du projet fut remplacée par celle qui
forme aujourd'hui l'article 917, d'après laquelle,
lorsque l'usufruit porte sur un capital supérieur à la
quotité disponible, il est au choix des héritiers, ou
d'exécuter cette disposition, ou de faire l'abandon de
la quotité disponible. Mais, soit par inadvertance, soit
parce qu'on a pensé qu'un enfant, en présence de
son père ou de sa mère, n'aurait pas la liberté nécessaire pour faire le choix qu'autorise l'article 917,
l'ancienne théorie fut maintenue dans l'article 1094.
Il en résulte que si l'un des époux avait fait au profit
de l'autre une disposition universelle en usufruit seulement, ce dernier ne pourrait réclamer que l'usufruit de la moitié du patrimoine du défunt, sans être
admis à demander la propriété d'aucune partie.

Nous avons vu que lorsque le donateur a des ascendants pour héritiers, la quotité disponible entre époux est plus forte que la quotité disponible ordinaire. Il n'en est pas de même lorsqu'il laisse des descendants ; dans ce cas, la quotité disponible entre époux est tantôt plus forte, tantôt moins forte que la quotité disponible ordinaire. L'article 913 fixe ainsi cette dernière : « La moitié des biens du disposant, s'il ne laisse à son décès qu'un enfant légitime ; le tiers, s'il laisse deux enfants ; le quart, s'il en laisse trois ou un plus grand nombre ; » tandis que la première est toujours d'un quart en propriété et d'un quart en usufruit ou de la moitié en usufruit seulement, quelque soit le nombre des enfants.

Cette dernière proposition résulte évidemment de l'article 1099, qui défend aux époux de se donner « au delà de ce qui leur est permis par les dispositions ci-dessus. » Elle était en effet admise par tous les auteurs, comme par la jurisprudence, lorsqu'un professeur de Toulouse, M. Benech, développa avec beaucoup de talent le système contraire qui fut depuis adopté par plusieurs jurisconsultes distingués. Pour nous, nous devons avouer que si les arguments de M. Benech ont un moment ébranlé notre conviction, l'étude qu'ils nous ont obligé de faire l'a affermie davantage.

Le plus fort de ces arguments est tiré des travaux préparatoires. D'après le projet primitif, la légitime des enfants était invariablement fixée aux trois quarts de la succession ; par conséquent, dès qu'il y avait un enfant, la quotité disponible ordinaire n'était que du quart. Il en résulte que l'article 1094, en fixant en pareil cas la quotité disponible entre époux à un quart en propriété et un quart en usufruit, étendait, à leur profit, le disponible ordinaire, et constituait ainsi une disposition toute de faveur. M. Benech en conclut qu'il faut, à plus forte raison, les faire profiter du changement introduit lors de la discussion dans la fixation de la quotité disponible ordinaire, et que le conjoint donataire peut invoquer, selon son intérêt, ou le droit commun, c'est-à-dire l'article 913, ou la faveur attachée à son titre d'époux et l'article 1094. Enfin, le savant professeur relève une observation faite par M. Berlier, et prise en considération par le Conseil d'État, lors de la discussion de l'article 1098, d'où il pourrait résulter que c'est avec cette interprétation que l'article 1094 venait d'être voté.

Cet argument est assurément fort spécieux, mais il est détruit par des faits sur lesquels M. Benech passe vraiment avec trop de facilité. Après avoir été adopté par le Conseil d'État, le titre qui nous occupe fut communiqué officieusement à la section de législation du tribunat qui, entre autres observations, proposa de substituer à l'article 1094 la rédaction suivante : « Et pour le cas où l'époux donateur laisserait des enfants ou descendants, il pourra donner à l'autre époux tout ce dont il pourrait disposer en propriété ou la moitié de ses biens en usufruit seulement. » La section ajoutait qu'il est juste qu'un époux puisse donner à l'autre autant qu'il pourrait donner à un étranger [1]. Or, à la suite de la conférence qui s'engagea

[1] Fenet, t. XII, p. 166 et 167.

entre la section de législation du Conseil d'État et celle du tribunat, l'article 1094 fut maintenu, dans le projet définitif, tel qu'il était dans le projet primitif.

M. Benech essaye d'échapper à la conséquence de ce fait, en disant que notre alinéa avait déjà le sens proposé par le tribunat, et qu'il était inutile d'y substituer une autre rédaction. Il est évident, pour nous, au contraire, que si l'article 1094 ne fut pas modifié, c'est qu'on tomba d'accord pour ne pas admettre la proposition du tribunat. En effet, devant le Corps législatif, dans l'exposé officiel des motifs, M. Bigot-Péameneu, l'un des membres du Conseil et l'un des rédacteurs du projet, dit formellement aux législateurs : « Si l'époux laisse des enfants, les donations ne pourront comprendre que le quart, etc.... Les devoirs de paternité sont personnels, et l'époux donateur y manquerait s'il les confiait à un autre; il ne pourra donc être autorisé à laisser à l'autre époux qu'une partie de sa fortune, et cette quotité est fixée à un quart de tous les biens en propriété et un autre quart en usufruit, ou la moitié de la totalité en usufruit.... [1] » Enfin, quand le projet fut communiqué officiellement au tribunat par le Corps législatif, le rapport fait au nom de la section qui avait demandé le changement disait : « S'il reste des enfants du mariage, l'époux ne peut avoir qu'un quart en propriété et qu'un quart en usufruit, ou la moitié en usufruit seulement; si la donation excédait ces bornes, elle serait réduite [2]. »

[1] Fenet, t. XII, p. 572.
[2] Fenet, t. XII, p. 621.

En vérité, s'écrie un auteur regretté[1], peut-on demander quelque chose de plus pour arriver à la connaissance certaine de la volonté du législateur ?

Et maintenant, comment justifierons-nous le système de la loi, que M. Bénech trouve inadmissible et contradictoire ? Le législateur avait à concilier deux intérêts opposés : il devait protéger les enfants contre la propension qu'ont généralement les époux à se faire des libéralités exagérées, et, d'un autre côté, il devait permettre aux époux d'assurer au survivant d'entre eux une fortune avec laquelle il pût vivre comme il vivait pendant leur union. Or, les besoins de l'époux étant toujours les mêmes, soit qu'il n'y ait qu'un enfant, soit qu'il y en ait deux ou un plus grand nombre, on comprend parfaitement que le Code ait fixé ici un disponible invariable et indépendant du nombre des enfants.

Ici se place la question que nous avons annoncée dans notre premier chapitre. Les donations faites entre *futurs époux*, en dehors de leur contrat de mariage, sont-elles régies par la quotité disponible ordinaire, alors même qu'elle se trouve plus forte que la quotité disponible fixée par l'article 1094, ou au contraire ne peuvent-elles jamais excéder la mesure de cette quotité disponible particulière ?

On pourrait dire, dans ce dernier sens, que la loi, en renfermant dans de justes limites les libéralités entre époux ou entre futurs époux, ne s'est attachée qu'au caractère de ces libéralités, et que ce serait

[1] Marcadé, sur l'article 1093.

s'écarter de son esprit que de distinguer entre les différents actes qui peuvent les contenir.

Ce n'est cependant pas notre opinion. L'article 1094 ne prévoit textuellement que les libéralités faites pendant le mariage ou par contrat de mariage : « l'époux pourra soit par contrat de mariage, soit pendant le mariage...; » et comme, à l'époque où il a été rédigé, c'était, dans tous les cas, un article de faveur, il est certain que c'est avec intention qu'il n'a été appliqué qu'à ces libéralités. Or la modification de l'article 913 a bien pu faire que l'article 1094 devînt, dans certaines hypothèses, un article de rigueur (et nous avons vu que c'est ainsi qu'il a été finalement compris par le législateur); mais elle n'a pas pu faire qu'il s'appliquât à d'autres libéralités que celles qu'il énumère. D'ailleurs, si les donations faites en dehors du contrat de mariage étaient soumises à la restriction que l'article 1094 peut apporter à la quotité disponible ordinaire, pourquoi ne jouirait-elle pas de l'extension qu'il y apporte beaucoup plus souvent ? Et que deviendraient alors et la lettre et l'esprit de la loi ?

§ 4. — *De la quotité disponible entre époux lorsque le donateur a des enfants d'un mariage antérieur.*

Si les enfants ont toujours besoin d'être protégés contre les libéralités excessives que peuvent se faire les époux, cela est vrai surtout des enfants d'un premier lit lorsqu'un de leurs parents contracte une nouvelle union. Aussi les législateurs ont-ils senti la nécessité de leur accorder à cet égard une protection toute spéciale.

Rome fut retardée dans cette voie par ses mœurs païennes, qui intéressèrent la république aux seconds mariages aussi bien qu'aux premiers, et firent veiller à la conservation de la dot pour le nouveau mari [1], bien loin qu'on songeât à restreindre les donations qu'il pourrait recevoir. Ce n'est qu'en l'an 382 de l'ère chrétienne, alors que ses mœurs ont changé avec sa religion, que nous voyons apparaître la constitution dite *Feminæ quæ*, qui obligeait la veuve remariée à conserver intégralement pour ses enfants du premier lit les biens qu'elle tenait de la libéralité de son premier mari [2]. Cette prescription fut étendue aux hommes veufs qui se remariaient par la constitution *Generaliter* [3], puis appliquée par une Novelle [4] au cas où le premier mariage avait été dissous par le divorce, fût-il même intervenu *bona gratia*. D'un autre côté, en 469, la constitution *Hac edictali*, statuant tant pour l'homme veuf que pour la femme veuve, défendit à toute personne remariée, ayant des enfants d'un précédent mariage, de faire à son nouveau conjoint des libéralités plus fortes que la part prise dans leur succession par l'enfant le moins avantagé [5]. Les donations qui excédaient cette limite étaient réduites au profit exclusif des enfants du pre-

[1] *Reipublicæ interest mulieres dotes salvas habere, propter quas nubere possunt.* L. II. D.; *De jure dot.* (23, 3.)
[2] L. III, C.; *De secund. nupt.* (5, 9.)
[3] L. V; *cod.*
[4] N. 22, ch. 30.
[5] L. V, C.; *De secund. nupt.* (5, 9.)

mier lit. Justinien voulut changer sur ce point l'ancien droit : il décida, dans la constitution *Quoniam*, que cette portion serait partagée entre tous les enfants, sans distinguer ceux du premier lit d'avec ceux du second[1]. Plus tard, dans sa Novelle XXII, chapitre XXVII, il abrogea la constitution *Quoniam* et accorda seulement aux enfants du premier lit la portion retranchée.

Ces dispositions, y compris la constitution *Quoniam*, que l'on préféra à la Novelle XXII, demeurèrent en vigueur dans nos provinces de droit écrit. Mais rien de semblable n'exista dans les pays de droit coutumier (où les donations étaient, du reste, généralement interdites pendant le mariage), jusqu'en l'an 1560. Vers cette époque, Jeanne d'Aligre, veuve du chancelier Duprat, dont elle avait eu huit enfants, épousa en secondes noces Georges d'Amboise, et lui donna tous ses biens. Ce fait attira l'attention publique, et le chancelier de l'Hospital rendit le fameux Édit des secondes noces. Cet édit, qui reproduisait les dispositions du droit romain, se composait de deux chefs : le premier interdisait à la femme qui se remariait, ayant des enfants d'un premier lit, de donner à son nouveau mari plus qu'une part d'enfant le moins prenant, et le second frappait d'inaliénabilité entre ses mains les biens reçus de son premier mari. Il ne parlait que des femmes veuves, mais il fut étendu aux veufs par la jurisprudence.

Les rédacteurs du Code eurent d'abord l'intention

---

[1] L. IX, C.; *De secund. nupt.* (5, 9.)

de reproduire les deux chefs de l'édit de 1560. Mais la disposition relative à l'inaliénabilité des biens eût formé une anomalie dans notre code, qui prohibe les substitutions; elle fut retranchée lors de la discussion, et l'on ne conserva que celle qui correspondait au premier chef. A cet égard, la section de législation proposait de limiter la capacité de recevoir du nouvel époux à une part d'enfant le moins prenant et en usufruit seulement. Le Conseil permit la donation en toute propriété, mais sur l'observation de M. Berlier, que « s'il n'y avait qu'un enfant ou deux du premier mariage *et point du second*, le nouvel époux pourrait en partageant avec eux avoir la moitié ou le tiers de la succession [1], » il décida que la donation ne pourrait excéder le quart de la succession. L'article 1098 fut alors rédigé en ces termes : « L'homme ou la femme qui, ayant des enfants d'un autre lit, contractera un second ou subséquent mariage, ne pourra donner à son nouvel époux qu'une part d'enfant légitime le moins prenant, et sans que, dans aucun cas, ces donations puissent excéder le quart des biens. »

Cet article établit une règle de quotité disponible; par conséquent, malgré le sens apparent de ses termes, ce n'est pas au moment du second mariage, mais au moment du décès qu'il faut considérer s'il

[1] C'est sur cette observation que s'appuie M. Benech pour soutenir que, dans l'intention des rédacteurs du Code, l'article 1094 ne faisait pas obstacle à ce que les époux se donnassent la moitié ou le tiers de leur succession, lorsqu'ils n'ont qu'un ou deux enfants. Mais qui ne voit que M. Berlier se place en dehors de l'article 1094 et en face de l'article 1098, tel que le Conseil lui paraît décidé à l'adopter. Il suppose des enfants du premier mariage, et non pas des enfants communs.

existe des enfants issus de la précédente union. Du reste, il faut entendre par *enfants* non-seulement les enfants du premier degré, mais tous les descendants légitimes, à quelque degré que ce soit ; et par enfants *d'un autre lit* non-seulement les enfants nés avant le nouveau mariage, mais aussi ceux qui n'étaient que conçus à cette époque, et même les petits enfants conçus postérieurement au dernier mariage de leur ascendant. Les enfants légitimés par l'effet d'un précédent mariage doivent également être considérés comme des enfants d'un autre lit. (Art. 333.) Mais il n'en est pas de même des enfants adoptifs : ces derniers ont bien sur la succession de l'adoptant les mêmes droits que ceux dont jouit l'enfant né en mariage (art. 350) ; mais ils ne sont pas réputés nés du premier mariage plutôt que du dernier. Or pour pouvoir invoquer la réserve de l'article 1098, il ne suffit point que l'on soit enfant légitime, il faut de plus que l'on soit issu ou réputé issu d'un précédent mariage.

Par cela même que le droit qui résulte de l'article 1098 constitue une réserve sur la succession du donateur, il ne peut être invoqué par les enfants du premier lit qu'en qualité d'héritiers. Ainsi, ils ne peuvent s'en prévaloir lorsqu'ils ont renoncé à la succession ou qu'ils en ont été exclus pour cause d'indignité. S'il en était autrement sous l'édit de 1560, c'est que cet édit n'avait fait qu'étendre aux pays de coutume la règle de la loi *Hac edictali*, et que ces pays l'avaient acceptée avec son caractère romain, sans la soumettre aux principes de la réserve ordinaire. Mais, aujourd'hui, il ne s'agit plus ni de la réserve romaine, ni de celle des pays de coutume, mais seulement de la réserve réglementée par le Code Napoléon ; or, il résulte des articles 845, 915, 922, 924, 1004, etc., que, pour y avoir droit, il faut être héritier.

Si tous les enfants du premier lit étaient morts avant l'ouverture de la succession, ou si aucun d'eux ne se portait héritier, l'article 1098 serait inapplicable. Les enfants du second lit ne pourraient se prévaloir d'une disposition qui n'a pas été introduite dans leur intérêt, et ils ne seraient admis à se plaindre qu'autant que les libéralités dépasseraient la quotité fixée par l'article 1094. Cette solution est admise, en raison du caractère particulier de la disposition qui nous occupe, par les auteurs mêmes qui enseignent que la réserve ordinaire se détermine eu égard au nombre d'enfants que le défunt a laissés, et que la renonciation ou l'exclusion d'un ou de plusieurs de ces enfants reste sans influence sur la quotité de la réserve.

Mais si le droit de poursuivre, en vertu de l'article 1098, la réduction des donations faites au nouvel époux ne peut jamais s'ouvrir dans la personne des enfants du second lit, ces derniers profitent de la réduction lorsqu'elle a été opérée sur la demande des enfants du premier lit. Les biens retranchés rentrent dans la succession, et, par conséquent, ils doivent être partagés également entre tous les enfants, sans distinction entre ceux du premier mariage et ceux du second. (Arg. de l'article 745.)

Il y a plus, dès que le droit de demander la réduction s'est ouvert dans la personne des enfants du premier lit, et qu'il ne s'est point éteint par leur renonciation à la succession ou leur exclusion de l'hérédité (cas auquel il est censé ne s'être jamais ouvert), les enfants du nouveau mariage sont autorisés à l'exercer, dans la mesure de leurs parts héréditaires, alors même que les enfants de la précédente union négligeraient de le faire valoir ou y renonceraient. En effet, dès qu'on admet que l'émolument de la réduction se partage entre tous les enfants, il faut admettre comme conséquence que le droit d'obtenir cette réduction se divise aussi entre eux dans la même proportion. Dès lors, il est bien évident que l'inaction des uns est sans influence sur l'action des autres, et que la remise que les enfants du premier mariage peuvent faire de leurs droits ne nuit pas plus aux enfants du second que la renonciation de ceux-ci aux droits qui leur appartiennent ne nuirait aux premiers. Telle était, au surplus, la doctrine des anciens auteurs, que Pothier [1] rattache même à une disposition du droit romain [2].

A la différence de l'article 1094, l'article 1098 ne limite pas son effet aux libéralités faites pendant le mariage ou par contrat de mariage; et c'est avec

[1] *Traité du contrat de mariage.* Partie VII, ch. 9, sect. 1, art. 4.
[2] *At qui, propter alios contra tabulas bonorum possessionem petunt, non expectant ut præteriti bonorum possessionem accipiant, verum ipsi quoque bonorum possessionem petere contra tabula possunt. cum enim semel beneficio aliorum ad id beneficium fuerint admissi : jam non curant, petant illi, necne, bonorum possessionem. L. X, § 6, D.; de bon. poss. (37, 4).*

raison, car les motifs qui l'ont fait établir s'appliquent
à tous les avantages concédés au nouvel époux en
sa qualité de nouvel époux. Il faut donc l'étendre aux
donations antérieures au contrat de mariage, pourvu
qu'elles aient été faites en faveur du mariage projeté, dans le sens de l'article 1088, ce qu'auront à
prouver les demandeurs en réduction. Toutes ces libéralités ne peuvent excéder ni le quart de la fortune
du donateur, ni une part d'enfant le moins prenant.

Il est évident que c'est au moment du décès qu'il
faut se placer pour déterminer ces deux quotités. La
part d'enfant doit être calculée d'après le nombre des
enfants issus tant du premier que du subséquent mariage, en ajoutant à ces enfants le nouvel époux lui-
même. Ainsi, l'époux qui laisse quatre enfants n'a pu
donner à sa seconde femme qu'un cinquième. Les
petits-enfants ne sont jamais comptés que pour les
enfants dont ils sont issus, soit qu'ils viennent à la
succession de leur chef, soit qu'ils y viennent par re-
présentation. C'est là une règle générale établie par
l'article 913, et qui résulte d'ailleurs, pour le cas qui
nous occupe, de l'article 1098 lui-même, puisqu'il
accorde au nouveau conjoint une part d'enfant et non
pas une part de petit-enfant. Enfin, on ne devrait pas
compter les enfants ou les petits-enfants qui renonceraient à la succession ou qui en seraient écartés
comme indignes. (Arg. de l'art. 785.)

Mais le nouvel époux ne peut recevoir qu'une part
d'enfant le moins prenant. Si donc le défunt a fait au
profit d'un ou de plusieurs de ses enfants des dispositions avec dispense de rapport, en sorte que ces

9

divers enfants aient des parts inégales, les biens ainsi
donnés doivent être distraits de la masse sur laquelle
se calculera la part d'enfant revenant au donataire.
Au contraire, le nouvel époux peut demander, pour
ce calcul, la réunion fictive à la masse, non-seulement du montant des rapports à faire par les autres
enfants, mais encore de celui de la réduction à laquelle seraient sujettes les dispositions par préciput,
ou les donations faites à des étrangers, ou même
celles qui lui ont été faites à lui-même. En vain invo-
querait-on, pour repousser cette solution, les articles 857 et 921, aux termes desquels les donataires
ne peuvent ni demander la réduction ou le rapport,
ni en profiter. Nous ne serions en contradiction avec
ces articles qu'autant qu'il s'agirait d'une réduction
ou d'un rapport effectif. Mais il n'en est pas ainsi :
l'époux donataire n'a pas la prétention de se faire attribuer les biens rapportés ou réduits pour parfaire sa
donation en cas d'insuffisance des biens existants ; il
veut seulement faire déterminer la part qui revient,
d'après la loi, à l'enfant le moins prenant, afin de
connaître par là le montant de la quotité de biens
dont son conjoint a pu disposer à son profit. Il faut
reconnaître seulement que si le donataire n'était pas
devenu propriétaire des biens donnés avant l'ouverture de la succession, il ne pourrait exercer son droit
que sur les biens qui composaient le patrimoine du
donateur au moment de sa mort.

Enfin, il faut que la libéralité ne dépasse pas le
quart des biens. Ainsi, quand la part d'enfant le moins
prenant excède cette quotité, ce n'est plus une part

d'enfant, mais seulement le quart des biens qui revient à l'époux donataire.

De ce que les biens donnés par préciput ne sont pas comptés dans la masse sur laquelle se calcule l'émolument de la donation du nouvel époux, il en résulte que le donateur peut, au moyen de libéralités postérieures faites à ce titre, diminuer les droits de son conjoint et révoquer en partie la donation dont il l'a gratifié. Ce résultat n'a rien qui ne soit conforme aux principes, pour les donations faites pendant le mariage, qui sont essentiellement révocables, et pour les donations par contrat de mariage, qui peuvent être soumises à des conditions potestatives de la part du donateur. Il n'en est pas de même pour les libéralités faites en dehors du contrat de mariage, qui, étant soumises aux règles du droit commun, sont naturellement irrévocables. Cependant il n'en faut pas moins appliquer, dans tous les cas, la règle que nous avons posée, puisqu'elle est contenue implicitement dans l'article 1098, et qu'on ne peut pas admettre qu'il soit loisible aux futurs époux d'échapper aux prescriptions de cet article, en faisant leur donation en dehors du contrat de mariage.

Les commentateurs sont fort divisés sur la question de savoir comment il faut interpréter l'article 1098 lorsqu'une personne ayant des enfants d'un premier lit a passé successivement à différents mariages.

L'Edit de secondes noces défendait aux veuves ayant enfants de donner *à leurs nouveaux maris* au delà d'une part d'enfant le moins prenant, et l'on entendait généralement ces expressions dans un sens collectif, comme si la loi avait dit à tous les nouveaux maris ensemble. L'article 1098 n'est pas conçu exactement dans les mêmes termes : il porte que l'homme ou la femme qui, ayant des enfants d'un autre lit contractera *un second ou subséquent mariage*, ne pourra donner *à son nouvel époux*.....

De cette différence de rédaction on a conclu, dans un premier système, que sous l'empire du Code Napoléon, il est permis de donner successivement à chaque nouveau conjoint une part d'enfant, pourvu que ces donations, réunies aux donations faites aux étrangers, ne dépassent pas la quotité disponible ordinaire. Mais cette interprétation viole évidemment les derniers mots de l'article 1098 : sans que, dans aucun cas, ces donations puissent excéder le quart des biens.

Aussi un second système est-il venu à la fois réformer et compléter le premier, en soutenant que si chaque nouveau conjoint peut recevoir une part d'enfant le moins prenant, leurs donations réunies ne doivent pas excéder le quart des biens.

Enfin, un troisième système reproduit purement et simplement la doctrine de l'ancien droit et décide que les conjoints successifs ne peuvent recevoir à eux tous que la quotité fixée par l'article 1098. C'est cette dernière opinion que nous adoptons. Suivant nous, la question qui nous occupe ne trouve aucun élément de décision dans le texte de l'article 1098. Si cet article parle d'un second ou subséquent mariage, il ne parle pas de chaque nouvel époux, mais du nouvel époux, c'est-à-dire celui auquel sera faite la donation ; et quant au dernier membre de phrase : *et sans que dans aucun cas ces donations puissent ex-* céder le quart, il suffit de se rappeler dans quelle circonstance il a été ajouté [1], pour être assuré qu'il ne fait allusion qu'aux cas où la part d'enfant le moins prenant serait de plus du quart. C'est, du reste, en ce sens qu'il a été interprété dans l'exposé des motifs : « Il a été réglé que les donations au pro- fit *du nouvel époux* ne pourraient excéder une part d'enfant *et que dans aucun cas ces donations* ne pour- ront excéder le quart des biens[2]. »

C'est donc en dehors du texte de cet article qu'il faut chercher la pensée du législateur. Or quel est l'esprit de la loi ? N'est-ce pas d'empêcher que les enfants ne soient dépouillés au delà d'une certaine portion de biens, au profit de nouvelles unions qui sont vues avec défaveur par la loi ? Quelle raison y a-t-il donc pour les protéger moins efficacement lorsqu'il s'agit d'un troisième ou d'un quatrième ma- riage que lorsqu'il s'agit d'un second ? D'ailleurs, comment croire que les rédacteurs du Code Napo- léon, qui, sous d'autres rapports, ont ajouté à la sé- vérité du premier chef de l'Edit, aient voulu, au point de vue qui nous occupe, se montrer plus indul- gents que le législateur de 1560 ? Enfin, s'ils avaient eu l'intention de s'écarter de l'ancien droit, ils l'au- raient sans doute exprimée, et leur silence nous au-

[1] Voyez page 125.
[2] Fenet, t. XII, p. 573.

torise à croire qu'ils ont, au contraire, entendu la maintenir.

L'article 1098 ne s'occupe pas de la quotité disponible en usufruit, comme l'a fait l'article 1094. Il en résulte que, conformément à l'article 917, les héritiers réservataires doivent exécuter les dispositions en usufruit faites au profit du nouvel époux, ou lui abandonner la propriété de la quotité disponible fixée par l'article 1098.

Que décider quand un homme, ayant des enfants d'un premier lit, donne à sa seconde femme une part d'enfant, et qu'à sa mort aucun des enfants n'existe plus? Il n'y a plus de part d'enfant, puisqu'il n'y a plus d'enfant. En dehors de toute circonstance qui fasse présumer une intention contraire chez le donateur, la femme prendrait le quart des biens, puisque c'est le maximum que puisse atteindre la part qu'elle est appelée à recueillir. Il en serait autrement si le mari lui avait abandonné tout son disponible; la libéralité se trouverait alors régie par l'article 1094 et pourrait même comprendre toute la succession, si le donateur ne laissait aucun héritier réservataire. Du reste, les juges devraient, dans tous les cas, rechercher, avant tout, qu'elle a été l'intention de l'auteur de la libéralité.

## SECTION II.

### DE LA SANCTION DE LA QUOTITÉ DISPONIBLE ENTRE ÉPOUX.

Le législateur, après avoir renfermé dans les limites que nous venons d'indiquer les libéralités entre époux, devait songer au moyen par lesquels on cher-

cherait à éluder ses prohibitions, et s'efforcer de prévenir ou de réprimer la fraude. C'est ce qu'il a fait
dans les articles 1099 et 1100, en soumettant à la
réduction les libéralités indirectes comme les libéralités directes, et en prononçant la nullité de celles
qui seraient déguisées sous l'apparence d'un contrat
à titre onéreux ou par voie d'interposition de personnes.

Article 1099 : Les époux ne pourront se donner
indirectement au delà de ce qui leur est permis par
les dispositions ci-dessus.

Toute donation, ou déguisée, ou faite à personnes
interposées, sera nulle.

§ 1ᵉʳ. — *De la réduction des libéralités directes
et indirectes.*

### I.

On entend, en général, par avantages indirects,
toutes libéralités faites à une personne autrement que
par une donation franchement caractérisée et directement adressée à cette personne. Au point de vue
des libéralités entre époux, l'article 1099 divise les
avantages indirects en deux classes : ceux qui se dé-
guisent sous l'apparence d'un acte onéreux ou qui se
font par interposition de personnes, et ceux qui ont
lieu de toute autre manière.

Ces derniers sont simplement assimilés aux donations directes, et, comme elles, réductibles lorsqu'ils
excèdent la quotité disponible. Ainsi, par exemple,
si je renonce à une succession à laquelle je suis ap-

pelé conjointement avec ma femme, afin qu'elle en
recueille la totalité, ou si je répudie un legs qui m'a
été fait par un de ses parents, dont elle est l'unique
héritière, ou bien encore si je paye ses dettes à ses
créanciers, dans toutes ces hypothèses et dans bien
d'autres encore, il y a donation *purement* indirecte,
réductible seulement quand elle excède les limites
fixées par les articles 1094 et 1098.

La loi, sévère pour les seconds mariages dans l'intérêt des enfants du premier lit, voit quelquefois des
avantages indirects dans des circonstances qui n'en
présentent pas en général. C'est ainsi que les conventions matrimoniales qui, dans tous les autres cas, « ne
sont point réputées des avantages sujets aux règles
relatives aux donations, soit quant au fond soit quant
à la forme, mais simplement des conventions de mariage et entre associés » (art. 1516 et 1525 al. 2°),
sont traitées comme des donations, lorsqu'elles ont
pour effet d'avantager le nouvel époux au préjudice
des enfants du premier lit. Et c'est avec juste raison,
car, à la différence des enfants communs, qui recueillent dans la succession de l'époux enrichi ce qui manque dans le patrimoine de l'époux appauvri, les enfants du premier lit n'héritent point du conjoint avantagé.

L'article 1496 applique ces principes à la communauté légale, que les époux sont censés adopter, à
défaut de contrat de mariage. « Si la confusion du
mobilier et des dettes, porte le 2e alinéa, opérait au
profit de l'un des époux un avantage supérieur à celui qui est autorisé par l'article 1098, les enfants du

premier lit de l'autre époux auront l'action en retran-
chement. » Et à l'égard de la communauté conven-
tionnelle, l'article 1527, al. 3, déclare que « toute
convention qui tendrait dans ses effets à donner à l'un
des époux au delà de la portion réglée par l'article
1098, sera sans effet pour tout l'excédant de cette
portion. » La restriction établie par cet article peut
s'appliquer, notamment, à l'ameublissement consenti
par la personne veuve qui se remarie, à la stipulation d'un préciput ou d'une clause de partage inégal
de la communauté et à l'établissement d'une communauté universelle. Toutefois le partage égal des bénéfices réalisés au moyen des travaux communs des
époux ou des économies faites sur leurs revenus, ne
doit point, quelque inégaux qu'aient été leurs revenus
respectifs ou les produits de leur industrie, être considéré comme un avantage indirect dans le sens de
l'article 1098. (Art. 1527 in fine.)

Du reste, pour juger si les conventions matrimoniales faites à l'occasion d'un second ou subséquent
mariage ont procuré quelque avantage au nouvel
époux, il faut faire abstraction des éventualités de
bénéfices ou de pertes qu'elles pouvaient, à raison
de réciprocité ou des conditions auxquelles elles
étaient subordonnées, présenter pour l'un ou l'autre
des conjoints, au moment de leur passation, et considérer uniquement les conséquences réelles de leur
application à la liquidation des droits respectifs des
époux. C'est ce qu'indiquent clairement les termes de
l'article 1527: Toute convention qui tendrait *dans
ses effets*. Ainsi il faut rejeter l'opinion professée

dans l'ancien droit par Pothier[1], et reproduite par un auteur, sous le Code Napoléon, d'après laquelle on ne devrait avoir aucun égard aux successions mobilières échues au veuf ou à la veuve pendant le mariage, de telle sorte que la moitié de ces successions dont le nouvel époux profiterait ne formerait pas un avantage passible de réduction. Il est vrai qu'il était incertain, lors du mariage, si l'époux qui se remariait aurait des successions mobilières pendant son mariage, que son conjoint pouvait en avoir aussi, et qu'en ne stipulant pas que ces successions seraient propres, ils ont pu n'avoir ni l'un ni l'autre aucune pensée de libéralité ; mais ce n'est pas l'intention des parties, non plus que les événements qui pouvaient arriver, ce sont les faits tels qu'ils se sont passés qu'il faut considérer, et le nouvel époux a retiré tout autant d'avantage du partage de ces successions que de la confusion du mobilier produite par l'établissement de la communauté. D'ailleurs l'opinion de Pothier est aujourd'hui contraire à l'article 1096, qui ne distingue pas entre le mobilier échu aux époux pendant le mariage et celui qu'ils possédaient en se mariant.

Enfin, pour savoir si le nouvel époux se trouve avantagé par les conventions matrimoniales, il faut combiner et balancer entre elles les conséquences de toutes les clauses du contrat de mariage, de manière à compenser, avec le profit que telle stipulation aura procuré au nouvel époux, la perte que telle autre clause lui aura fait éprouver. Il faudrait de même

[1] *Du contrat de mariage*, n° 533.

combiner les différents résultats produits par la communauté légale.

## II.

Ce serait sortir de notre sujet que de faire un chapitre complet sur la réduction. La seule question que nous ayons à examiner, parce qu'elle se rattache à la nature même des donations entre époux, est celle de savoir dans quel ordre et de quelle manière doivent être réduites les donations entre époux, lorsque l'ensemble des libéralités faites par le défunt, tant en faveur de son conjoint qu'au profit des étrangers, excède la quotité de biens dont la loi lui permettait de disposer.

Il est nécessaire, pour l'intelligence de cette question, de poser avant tout trois principes :

1° « Il n'y a jamais lieu à réduire les donations entre-vifs (ordinaires), qu'après avoir épuisé la valeur de tous les biens compris dans les dispositions testamentaires. »

2° La réduction des dispositions testamentaires se fait « au marc le franc, sans aucune distinction entre les legs universels et les legs particuliers, » à moins que le testateur n'en ait autrement ordonné. (Articles 926 et 927.)

3° Les donations entre-vifs, au contraire, se réduisent « en commençant par la dernière donation, et ainsi de suite, en remontant des dernières aux plus anciennes. » Article 923 *in fine*.

Ces principes posés, voyons quelle application il faut en faire aux donations qui nous occupent.

Et d'abord, comment doivent être réduites les donations entre futurs époux?

Il ne s'élève aucune difficulté sur la réduction des donations de biens présents. L'article 1092 porte expressément qu'elles sont soumises à toutes les règles prescrites pour ces sortes de donations, et, par conséquent, elles ne peuvent être réduites que dans les termes de l'article 923, c'est-à-dire après les legs et les donations plus récentes.

Les donations de biens à venir ne doivent également être réduites qu'à leur date, puisque le donataire est saisi, dès le moment du contrat de mariage, d'un droit irrévocable, en ce sens que la disposition faite à son profit ne peut recevoir aucune atteinte par l'effet de donations ultérieures. Il doit, dès lors, être préféré aux donataires postérieurs, et, à plus forte raison, aux légataires.

La solution n'est pas aussi facile en ce qui touche les donations sous conditions potestatives de la part du donateur.

Quelques auteurs distinguent ici la donation sous condition suspensive et la donation sous condition résolutoire. Dans le premier cas, ils préfèrent le donataire aux légataires et aux donataires postérieurs à l'arrivée de la condition, parce que son droit est devenu irrévocable avant la naissance du droit de ses adversaires; mais ils croient devoir lui préférer, au contraire, les donataires antérieurs à l'accomplissement de la condition. En effet, disent-ils, si l'on permettait au donateur de donner rétroactivement, par un acte de sa volonté, la perfection à la première donation, de telle sorte qu'elle dût désormais primer la seconde, cette seconde donation se trouverait révoquée en tout ou en partie par la volonté du donateur, ce qui est inadmissible [1]. Pour éviter ce résultat, si contraire au principe des donations, ne vaut-il pas mieux considérer le donateur comme ayant renoncé, quand il a fait la seconde donation, au droit de rendre la première parfaite par un acte de sa volonté, en tant que cette perfection pourrait nuire au second donataire ? Et ne fait-on pas une application éclairée de l'article 923, quand, au lieu de s'en tenir aux dates apparentes des deux actes, on traite comme plus récent celui que la volonté du donateur n'a complété que le dernier ?

Puis, passant à la donation sous condition potestative résolutoire, et considérant qu'une semblable donation ne devient parfaite qu'à la mort du donateur, qui peut toujours la révoquer, en accomplissant la condition, les mêmes auteurs décident qu'elle doit passer après toutes les autres donations, et qu'elle n'est préférable qu'aux dispositions testamentaires.

Notre avis est, au contraire, que les donations sous conditions potestatives ne doivent jamais être réduites qu'à leur date.

Le système que nous venons d'analyser revient à soutenir que le donateur est censé révoquer sa première donation, par cela seul qu'il en fait une seconde.

---

[1] On suppose, bien entendu, que la seconde donation est une donation ordinaire, soumise nécessairement à la règle de l'irrévocabilité.

Or il nous paraît facile d'établir que cette présomption ne saurait être acceptée.

D'abord, il est possible qu'elle soit contraire à l'intention du donateur, qu'il se soit fait illusion sur le montant de sa fortune et qu'il ait pensé que ces donations seraient exécutées l'une et l'autre[1]. Mais quand même il serait prouvé que le donateur, en faisant une seconde libéralité a eu l'intention de révoquer la première, cette révocation ne se serait pas réalisée, parce que la volonté du donateur aurait été contraire à la loi. Il n'en est pas, en effet, des donations sous conditions potestatives comme des donations entre époux. Celles-ci peuvent être révoquées *ad nutum donatoris*; mais celles-là ne sont pas entièrement soumises à sa volonté. Bien que le donateur donne et retienne, il se lie cependant à certains égards, et la libéralité n'est révocable que dans une mesure fixe et déterminée par le contrat. D'où il suit que si le donateur a l'intention de la révoquer, il ne peut le faire qu'en accomplissant la condition résolutoire, ou en empêchant la condition suspensive de se réaliser, et qu'en dehors de ces deux hypothèses, sa volonté ne peut produire aucun effet, parce que la donation est, en réalité, irrévocable.

C'est surtout dans les donations sous condition résolutoire que se manifeste le vice du système opposé. Le donateur a stipulé que la libéralité serait résolue s'il se mariait, par exemple[1]. Il ne se marie pas, mais il fait une seconde donation. Et l'on voudrait que cette do-

[1] *Sæpe enim de facultatibus suis amplius quam in his est, sperant homines.* Instit. L. I, t. VI, § 3.

nation équivalût à un mariage, ou du moins qu'elle obli-
geât le donateur à se marier pour empêcher la première
donation d'acquérir ce qu'on appelle sa perfection !
Cela est impossible : ce serait plutôt la seconde dona-
qui serait imparfaite, ou plutôt qui serait complète-
ment nulle, s'il était vraiment au pouvoir du donateur
de la rendre efficace ou d'en annihiler les effets.

Ainsi toutes les donations entre futurs époux sont
réductibles à leur date, absolument comme les donations ordinaires.

La même règle s'applique, selon nous, aux donations de biens présents pures et simples ou sous conditions potestatives, faites pendant le mariage. En effet,
bien que les donations entre époux soient essentiellement révocables, le donataire ne s'en trouve pas
moins, par l'effet immédiat de la convention, ou par
l'effet rétroactif de la condition accomplie, saisi du
droit que la donation lui confère; et quoique ce droit
soit résoluble au gré du donateur, il n'en remonte pas
moins, en l'absence de révocation expresse ou tacite, au
jour du contrat. Or, il est impossible de considérer
comme une révocation tacite le seul fait du donateur
d'avoir, par des donations postérieures, excédé la quotité disponible, lorsque ces donations ne portent pas
sur les mêmes objets que ceux dont il avait précédemment disposé en faveur de son conjoint. En vain,
dit-on, qu'en pareil cas le donateur est censé avoir
voulu que la réserve se prît d'abord sur la donation
qu'il avait la faculté de révoquer. Ce n'est là qu'une
pure conjecture, que la loi n'a pas consacrée et dont
nous avons déjà montré le peu de fondement. Le do-

nateur a pu se croire plus riche qu'il ne l'était réellement, l'atteinte qu'il a portée à la réserve peut avoir
été le résultat de revers de fortune survenus postérieurement à ses dernières dispositions. Et ainsi voir
dans ces dispositions une révocation tacite de la donation faite en faveur de son conjoint, ce serait s'exposer à méconnaître l'intention véritable du défunt et
à contrarier ses affections les plus sacrées.

Quant à la donation des biens à venir, elle est réductible après les legs, mais avant toutes autres donations entre-vifs, même postérieures en date. S'il en
est autrement dans le cas où la donation de biens à
venir est faite par contrat de mariage, cela tient uniquement à ce qu'elle est alors irrévocable et ne peut
recevoir aucune atteinte par l'effet de dispositions
ultérieures. Or ce motif n'existe plus, lorsqu'il s'agit
d'une donation de biens à venir faite entre époux pendant le mariage, puisqu'une pareille donation est
essentiellement révocable. L'époux donataire n'ayant
droit qu'aux biens qui pourront exister au moment du
décès, vient nécessairement après les donataires de
biens présents ; mais par cela même qu'il est saisi de
son droit en vertu de son titre et n'a pas de délivrance
à demander, il doit être préféré aux légataires.

§ 2 — *De la nullité des donations déguisées ou
faites à personnes interposées.*

Tandis que les simples donations indirectes entre
époux sont seulement réductibles à la mesure du disponible, celles qu'il ont cachées sous la forme d'un acte
onéreux ou par une interposition de personnes sont

abolument nulles. « Toute donation, ou déguisée, ou faite à personnes interposées, sera nulle ». (Art. 1099 2º al.)

Cette proposition n'est cependant pas admise par tout le monde. Plusieurs auteurs enseignent que les donations dissimulées ne sont pas nulles, mais simplement réductibles, comme les autres. Ils disent que les donations dont parle notre deuxième alinéa sont évidemment aussi des donations indirectes ; que, dès lors, elles sont comprises dans la disposition générale de l'alinéa premier qui en admet l'efficacité jusqu'à concurrence du disponible, et que l'alinéa deuxième n'est, en définitive, que l'explication et le développement de l'alinéa premier. Ils ajoutent que l'article 911 se sert bien aussi de l'expression *nulle* pour la libéralité faite (par simulation d'acte onéreux ou par interposition de personne) à un incapable, et que, cependant, tout le monde reconnaît, dans ce cas, que la nullité n'a pas nécessairement lieu pour le tout, mais seulement pour ce qui excède la capacité du donataire.

Il est facile de répondre à ce dernier argument. Sans doute, les libéralités, même déguisées, faites à un enfant naturel, sont valables lorsqu'elles n'excèdent pas la quotité de biens qu'il lui est permis de recevoir ; sans doute de pareilles donations, faites au médecin ou au ministre du culte, sont valables, dans la mesure qui convient à des dispositions rémunératoires, mais pourquoi cela ? Parce que l'article 911 ne prononce la nullité de ces libéralités qu'en tant qu'elles s'adressent à un incapable, et que l'enfant naturel, le ministre du culte ou le médecin ne sont plus des incapables pour ce qu'ils peuvent recevoir. Mais, par l'article 1099, la donation déguisée ou faite par interposition est déclarée nulle en tant qu'elle s'adresse, non plus à un incapable, mais à un époux, et il est clair que, s'il y a des limites dans l'incapacité, il n'y en a pas dans la qualité d'époux.

Maintenant, on dit que les donations dissimulées étant des donations indirectes sont régies par le premier alinéa de l'article 1099. — Que ce soient des donations indirectes, cela ne fait pas question. Mais le législateur n'était-il pas libre, après avoir compris, dans la disposition générale du premier alinéa toutes les manières quelconques dont les époux voudraient se donner *indirectement*, d'ajouter, dans un second alinéa, une disposition spéciale à ces manières indirectes, qui revêtiraient, en outre, la forme du déguisement. Or, c'est là précisément ce qu'il a fait. Car il est impossible d'admettre que le deuxième alinéa de l'article 1099 ne soit qu'une répétition inutile de l'alinéa précédent. Si les rédacteurs l'avaient ainsi compris, ils se seraient servi, comme ils le font partout, du mot *réduite* ou *réductible*, et ils se seraient bien gardés d'employer le mot *nulle*. Évidemment, quand le Code nous a dit dans une première disposition que les dons faits indirectement ne vaudront que dans la mesure du disponible, il est clair qu'il entend dire autre chose en ajoutant que ceux qui sont faits par simulation d'un acte onéreux ou par interposition de personnes seront nuls.

On comprend du reste facilement qu'en permettant les donations entre époux, que l'ancien droit

avait jugé nécessaire de proscrire, le législateur ait
veillé, du moins, d'une façon toute spéciale, à ce que
les règles qu'il leur imposait fussent rigoureusement
observées, et qu'il se soit montré sévère pour des
actes qui semblent faits dans un but de fraude à la
loi, dont il est difficile de découvrir le véritable
caractère, et qui échappent ainsi souvent aux prohibitions législatives. Il était utile qu'une sanction rigoureuse menaçât ceux qui seraient tentés de commettre
ces fraudes, et qu'ils n'y fussent pas encouragés, pour
ainsi dire, par la loi elle-même, si elle les traitait,
quand la fraude est découverte, comme s'ils avaient
agi de bonne foi.

Ainsi les donations déguisées ou faites par personnes interposées sont nulles. Reste à déterminer
si elles sont nulles dans tous les cas, ou seulement
lorsqu'elles excédent la quotité disponible.

Restreindre l'application de l'article 1099, deuxième
alinéa, aux donations qui excédent le disponible,
c'est d'abord distinguer où le texte ne distingue
pas : ou les donations dissimulées ne sont jamais
nulles, mais seulement réductibles, ou elles sont
toujours et complétement nulles, il n'y a pas de
milieu ; c'est, en outre, faire dépendre le sort de la
donation de l'augmentation ou de la diminution de
la fortune du donateur, c'est-à-dire d'un hasard que
les parties n'ont pas pu prévoir et d'après lequel on
ne saurait, par conséquent, apprécier leur intention.
Les donations déguisées sont annulées par cela seul
qu'elles sont réputées faites en fraude de règles sur
la réserve, et elles sont réputées faites en fraude de

ces règles par cela seul qu'elles sont déguisées. Du reste, pour celles qui ont lieu pendant le mariage, la nullité est, comme nous l'avons dit, la sanction de la révocabilité, non moins que de la réserve. L'époux donateur n'aurait pu révoquer à son gré sa libéralité, s'il lui avait fallu d'abord soutenir un procès pour en prouver l'existence.

Le droit d'invoquer la nullité des donations qui nous occupent n'appartient pas seulement aux personnes qui peuvent demander la réduction, c'est-à-dire aux héritiers à réserve ; les héritiers non réservataires et le donateur lui-même auraient le droit de s'en prévaloir. La question n'est pas seulement une question de réserve et de réduction, il y a là une règle de forme, à laquelle la loi attache expressément la sanction de la nullité, et dont la violation peut être par conséquent invoquée par tous ceux qui ont intérêt à l'observation des formalités prescrites en matière de donation. Il va de soi que c'est au demandeur en nullité de prouver que l'acte qu'il indique sert de voile à une donation, ou que le tiers auquel la libéralité est ostensiblement consentie doit en restituer le montant au conjoint du donateur. (Art. 1318). Ces faits peuvent, du reste, se prouver par tous les moyens possibles, même par témoins ou par de simples présomptions.

Toutefois, cette preuve présentant souvent de grandes difficultés à établir, la loi indique elle-même certaines classes de personnes pour lesquelles il y aura présomption d'interposition, en sorte que toute donation faite à l'une de ces personnes sera réputée faite au conjoint du donateur par personne interposée, et se trouvera nulle de plein droit, sans même qu'il soit possible de prouver, autrement que par l'aveu et le serment, qu'il n'y avait pas interposition. (Art. 1352.)

Art. 1100 : « Seront réputées faites à personnes interposées les donations de l'un des époux aux enfants ou à l'un des enfants de l'autre époux issus d'un autre mariage, et celles faites par le donateur aux parents dont l'autre époux sera héritier présomptif au jour de la donation, encore que ce dernier n'ait point survécu à son parent donateur. »

La première classe de personnes interposées comprend les enfants du conjoint qui ne seraient pas en même temps enfants du donateur : C'est là ce que veut dire notre article lorsqu'il parle d'enfants *issus d'un autre mariage*. L'affection paternelle ou maternelle du conjoint justifie, en effet, suffisamment la libéralité faite aux enfants communs, et exclue toute idée de fraude; mais il n'y a aucune raison pour ne pas appliquer la présomption d'interposition aux enfants naturels de l'autre conjoint, aussi bien qu'à ses enfants légitimes. Du reste, les petits enfants sont compris sous l'expression *d'enfants*, aussi bien que les descendants du premier degré.

La deuxième classe comprend tous les parents dont l'époux du donateur se trouve être l'héritier présomptif au jour de la disposition. A cet égard, la présomption d'interposition de l'article 1100 est plus étendue que celle de l'article 911 qui ne s'applique qu'aux père et mère de l'incapable. Remarquons qu'il faut uniquement s'attacher, pour l'application de notre article, à l'époque où a été faite la libéralité, en faisant abstraction de tous les événements ultérieurs. Ainsi, dès que le conjoint du donateur est, à l'époque de la disposition, l'héritier présomptif du donataire, la libéralité est nulle, lors même qu'il arriverait qu'il ne succédât pas au donataire, pour une cause quelconque : l'article ne cite le prédécès qu'à titre d'exemple. Réciproquement, la présomption ne serait pas applicable, bien que le conjoint eût effectivement recueilli la succession du donataire, s'il ne se trouvait pas son héritier présomptif au jour de la donation, car on ne saurait attribuer à l'auteur de la libéralité l'intention de la faire parvenir à son conjoint par l'intermédiaire du donataire. De même la présomption reste sans application, lorsque la disposition n'ayant été faite qu'après le décès du nouvel époux, ou lorsque l'exécution n'en devant avoir lieu qu'après son décès, il était absolument impossible qu'il en profitât. Lorsque le nouvel époux a encore son père ou sa mère, ses ascendants paternels ou maternels ne sont pas légalement présumés personnes interposées à son égard, puisqu'il n'est pas leur héritier présomptif; seulement à côté de la présomption légale se place la présomption de l'homme, et il est bien entendu qu'en fait l'interposition de personne se présumera plus facilement à l'égard d'un ascendant qu'à l'égard d'un étranger, ou même d'un parent collatéral.

Quelques personnes avaient cru dans les premiers temps du Code que les articles 1099 et 1100 ne concernaient que les époux qui se remariaient ayant des enfants d'un premier lit, et ne se référaient dès

lors qu'à l'article 1098 et non à l'article 1094. C'é-
tait une erreur ; car l'article 1099 ne parle pas seulement de nouveaux époux, mais de tout époux, et n'indique pas seulement la quotité permise par la disposition précédente, mais la quotité *des dispositions* ci-
dessus ; dans cette opinion, on ne pourrait appliquer
la première présomption de l'article 1100 que dans le
cas assez rare où les deux époux auraient chacun des
enfants d'un mariage antérieur.

La préoccupation des rédacteurs du Code à l'endroit
des libéralités indirectes entre époux, se manifeste
encore dans diverses dispositions qui n'ont pas trait
directement à notre sujet (art. 1403 2°, 1430, etc.) et
notamment dans l'article 1595. La vente étant le contrat qui prête le plus facilement aux libéralités indirectes, cet article l'interdit en principe entre époux :
il l'autorise cependant par exception dans trois cas qu'il
énumère, puis il ajoute : « Sauf, dans ces trois cas, les
droits des héritiers des parties contractantes, s'il y a
avantage indirect. » Pour appliquer ici les principes que
nous avons posés, il faut décider que si la vente faite
dans une de ces hypothèses est sérieuse, quoique consentie pour un prix beaucoup moindre de la valeur
réelle, elle est valable, et l'avantage indirect qu'elle
contient est seulement sujet à réduction ; mais que si
elle est simulée, si elle n'a été faite que pour couvrir
et déguiser une libéralité que l'un des conjoints voulait faire à l'autre, en sorte qu'il n'y ait en réalité
qu'une donation *sous l'apparence d'une vente*, l'opération tout entière est nulle. Nous avons trouvé la même
distinction chez les jurisconsultes romains. [1]

[1] Voyez page 35.

# POSITIONS.

___

## DROIT ROMAIN.

I. — Il y a antinomie entre la loi 3, § 12, D. ; *De donat. int. vir. et uxor.* (XXIV, I) et la loi 38, § 1 *in fine*, D., *De solutionibus* (XLVI, III).

Suivant Ulpien, lorsque l'un des époux, *donationis causa*, ordonne à son débiteur de payer entre les mains de l'autre époux, le débiteur est libéré; il ne l'est pas, suivant Africain.

II. — Lorsque la femme a reçu d'un tiers, de bonne foi et en vertu d'un juste titre, la chose du mari, la connaissance que le mari acquiert du véritable état des choses n'interrompt pas l'usucapion, si d'ailleurs la femme reste dans l'ignorance ; mais le mari aura la *condictio* pour obliger sa femme à lui retransférer la propriété.

III. — Lorsque le mari et la femme viennent tous les deux à savoir que la chose donnée à la femme par un tiers appartient au mari, l'usucapion qui s'accomplissait au profit de la femme cesse à partir de cet instant. (L. 44, *in medio*, D., *De donat. int. vir. et uxor.*; XXIV, I).

IV. — La loi des Douze Tables, en introduisant l'action de *tigno juncto*, n'avait pas distingué entre le *tignum furtivum* et le *tignum non furtivum*. *Nec obstat*, L. 1, pr., D.; *De tigno juncto* (XLVII, III).

V. — Le sénatus-consulte rendu sous Septime-Sévère et Antonin Caracalla, pour valider les donations entre époux, quand le donateur était prédécédé sans avoir abdiqué la volonté de donner, s'appliquait aux promesses faites *donationis causa*.

VI. Lorsqu'une donation excédait le taux de la loi Cincia, le donateur ne pouvait point exercer de *condictio sine causa*, pour revenir sur ce qui avait été fait. *Nec obstat*. L. 21, § 1, D., *De donationibus* (XXXIX, V) et L. 5, § 5, D., *De doli mali, etc.;* (XLIV, IV).

VII. — Le créancier qui vend la chose donnée en gage doit garantir à l'acheteur l'existence et la validité du gage à son profit et son droit de préférence sur tous les autres créanciers. *Nec obstat*, L. 11, § 16, D., *De act. empt. et vend.* (XIX, I).

VIII. — En cas de *pignus conventionale*, si l'acheteur de la chose donnée en gage vient à en être évincé, il peut intenter contre le débiteur l'action *utilis ex empto*. Cette solution a été par la suite étendue au *pignus judiciale*. L. 74, § 1, D., *De evictionibus* (XXI, II).

---

## DROIT CIVIL FRANÇAIS.

I. — L'époux contre lequel la séparation de corps a été prononcée perd de plein droit tous les avantages que l'autre époux lui avait faits, soit par contrat de mariage, soit depuis le mariage contracté.

II. — Les donations entre futurs époux ou entre gens mariés sont révocables pour cause d'ingratitude.

III. — La clause d'association, jointe à une donation de biens à venir, est nulle.

IV. — Les époux peuvent, pendant le mariage, se faire les mêmes libéralités que celles qui leur sont permises par contrat de mariage.

V. — La femme mariée sous le régime dotal ne peut disposer que par testament de ses immeubles dotaux, même au profit de son mari.

VI. — La donation des biens présents faite entre époux, pendant le mariage, devient caduque par le prédécès du conjoint donataire.

VII. — Les héritiers réguliers sont seuls tenus *ultra vires* des dettes de la succession.

En conséquence, le donataire de biens à venir n'a jamais d'intérêt à recourir à l'acceptation sous bénéfice d'inventaire.

VIII. — L'article 1094 établit pour les époux une quotité disponible qui ne varie pas, quel que soit le nombre de leurs enfants.

IX. — On ne doit jamais tenir compte, pour le calcul de la réserve, des enfants qui renoncent à la succession, ou qui en sont exclus comme indignes.

X. — Lorsque les enfants du premier lit acceptent la succession, les enfants du second lit peuvent demander, dans la mesure de leurs parts héréditaires, la réduction des libéralités faites au nouvel époux ou des avantages qui résultent pour lui du contrat de mariage, alors même que les enfants du premier lit renonceraient à l'action en réduction.

XI. — Les donations par contrat de mariage ne sont jamais réductibles qu'à leurs dates, comme les donations ordinaires.

XII. — Il en est de même des donations de biens présents que se sont faites les époux depuis la célébration du mariage.

XIII. L'époux qui, ayant trois enfants, a donné à son conjoint moitié en usufruit peut, par un acte postérieur, donner un quart en nue propriété à un tiers ou, par préciput, à l'un de ses enfants.

## DROIT CRIMINEL.

I. — Lorsqu'il y a lieu à aggravation de peine contre l'auteur principal, par suite d'une circonstance qui affecte la criminalité du fait, l'aggravation de peine doit être appliquée au complice, alors même que cette circonstance serait une qualité personnelle à l'auteur principal.

II. — Lorsqu'une loi change une juridiction criminelle, la nouvelle juridiction est compétente pour juger les faits, même antérieurs à la promulgation de cette loi.

## HISTOIRE DU DROIT.

I. — Le douaire légal s'est formé d'une combinaison du prix d'achat du *mundium* avec le *morgengabe.*

II. — L'institution contractuelle a une origine germanique.

———

## DROIT DES GENS.

I. — Un navire neutre ne peut être capturé, pour violation de blocus, qu'à une double condition : il faut un blocus effectif; il faut que le neutre l'ait connu.

II. — Nous n'admettrions pas, dans tous les cas, comme une preuve suffisante de cette connaissance la simple notoriété d'un blocus de fait, ou la notification diplomatique faite aux gouvernements étrangers.

*Vu par le président de la Thèse,*

J.-E. LABBÉ.

*Vu par le doyen de la Faculté,*

C.-A. PELLAT.

*Permis d'imprimer,*

LE VICE-RECTEUR

A. MOURIER.

Paris. — Imp. Paul Dupont, rue de Grenelle-Saint-Honoré, 45.

IMPRIMERIE ADMINISTRATIVE DE PAUL DUPONT

Rue de Grenelle-Saint-Honoré, 45.

PARIS. — IMPR. PAUL DUPONT, 45, RUE DE GRENELLE-SAINT-HONORÉ.

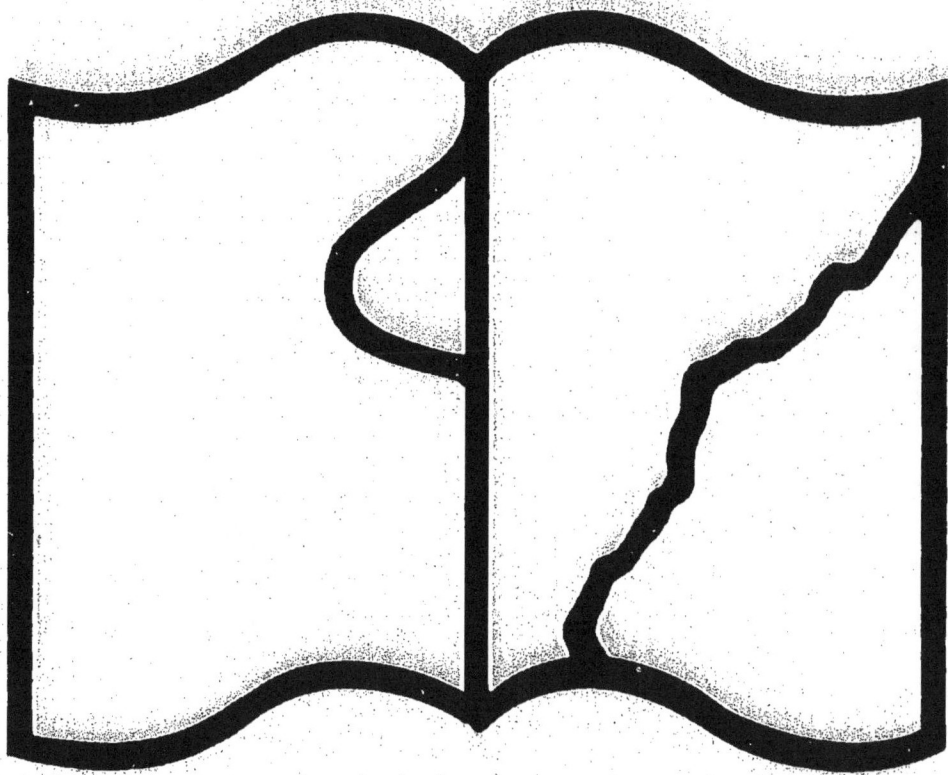

Texte détérioré — reliure défectueuse

**NF Z** 43-120-11

www.ingramcontent.com/pod-product-compliance
Lightning Source LLC
Chambersburg PA
CBHW071845200326
41519CB00016B/4249